Dans la peau d'une détective privée

ISBN : 978-2-412-10254-1
Code éditeur : S10254/01
Dépôt légal : novembre 2025
Imprimé en France par Normandie Roto Impression s.a.s. (2504631)
en octobre 2025

Correction : Lise Beninca
Relecture : Anne-Lise Martin
Mise en pages : Istria

Éditions First, un département d'Édi8
92, avenue de France
75013 Paris – France
Tél : 01 44 16 09 00
Email : firstinfo@efirst.com
Site Internet : www.lisez.com

Margaux Duquesne

Dans la peau d'une détective privée

FIRST ÉDITIONS

De la même autrice :

Seuls les poissons morts suivent le courant, coécrit avec Alice Gautreau, Pygmalion, 2018.

Sommaire

Avant-propos

Les histoires que vous allez lire sont vraies.

Elles sont nées sur le terrain, dans les silences d'une planque, les regards échappés, les gestes minuscules qui trahissent plus que des mots.

Mais pour protéger ceux dont elles parlent, j'ai changé les prénoms, les lieux, parfois les circonstances.

Certaines scènes ont été déplacées, quelques faits légèrement floutés. Pas pour embellir : pour rendre méconnaissable ce qui devait l'être.

Rien n'a été inventé. Tout a été vécu.

Ce livre n'est pas une fiction.

Il s'agit de la réalité, racontée avec les précautions qu'elle exige.

Chapitre 1

Trahi par son employé

Il est 5 heures du matin et je suis à genoux devant une carcasse de dinde de Noël. Je me suis enfermée dans mon garage, munie d'une lampe frontale, en laissant la porte aux trois quarts fermée. Ma « prise » du jour est sous mes yeux, ou plutôt sous mon nez, étalée sur une grande bâche étendue au sol : quatre sacs d'ordures disséqués. La scène me semble surréaliste, tant et si bien que je la regarde d'un œil extérieur. Comme si je refusais d'admettre ce que je suis en train de faire.

L'odeur des restes de nourriture me donne la nausée. Même si je porte un masque chirurgical – ce qui est devenu la norme en cette période post-Covid –, je refrène le plus possible mes haut-le-cœur pour ne pas ajouter au dégoût de la scène mon propre reflux. Je suis écœurée aussi bien par la situation que par l'image qu'elle me renvoie de moi-même. Faire autant de sacrifices pour en arriver là ?

Ce n'est pas le moment de douter. Pour l'heure, ma tâche nocturne consiste à trouver, dans les poubelles de ma cible, des éléments compromettants, prouvant des actes de concurrence déloyale et le vol de produits et de données : des informations sur la nouvelle entreprise en passe d'être créée, par exemple, ou des informations confidentielles sur les produits de la société cliente qui ne devraient pas sortir de l'entreprise. Je ne suis ici qu'une simple exécutante de l'agence de détectives privés qui m'a missionnée. L'homme sur lequel nous enquêtons prépare la création d'une société concurrente à celle de notre client. Avec un détail, qui n'en est pas un : il est toujours employé dans l'entreprise de notre client. Il y occupe même un poste hautement stratégique.

Dans le monde de l'innovation, les chefs d'entreprise ne plaisantent pas avec d'éventuelles fuites concernant les produits. Surtout quand celles-ci proviennent de leurs meilleurs éléments. Le « salarié-traître » est en congé maladie depuis maintenant plusieurs mois. Notre client a eu vent, par diverses rumeurs, du fait que l'employé profitait de cet arrêt maladie douteux pour peaufiner les derniers détails de sa nouvelle aventure professionnelle, et convaincre d'autres salariés de le suivre dans son projet. Tant qu'à faire.

De mon côté, je viens tout juste d'obtenir mon diplôme de détective privée. Ai-je bien réfléchi avant d'accepter cette mission-poubelle ? Pas le moins du monde. Je sors d'une année de formation – et aussi d'une année de chômage. Impossible de refuser : je dois travailler coûte que coûte. Comme je suis nouvelle dans le métier, cette mission m'a semblé habituelle, dans cette profession que je découvre à peine.

Sur le papier, c'était une noble cause : défendre un client, protéger des produits brevetés face au pillage industriel. Enfin, sur le papier seulement, parce qu'actuellement j'en suis à fouiller parmi des détritus, serviettes hygiéniques ou pots de yaourt à demi consommés. C'est fou ce que l'on peut apprendre sur une personne en observant ses déchets. Je pourrais décrire avec précision ce que cette famille a mangé ces dernières 48 heures, dire s'il y a des enfants dans le foyer, ou encore énumérer les cadeaux de Noël qu'ils ont reçus la veille...

Dans l'immeuble parisien où j'habite depuis quelques années, mon gardien m'avait mise en garde : « Ne jetez aucun papier administratif dans les poubelles vertes. Certaines personnes les récupèrent pour organiser des fraudes ou des usurpations d'identité. » Depuis, aucun document mentionnant mon nom ou une donnée personnelle ne finit plus jamais à la poubelle. Mon premier achat en tant que détective ? Une déchiqueteuse. Un outil indispensable – et que chacun devrait posséder, croyez-moi !

QUELLE FORMATION POUR DEVENIR DÉTECTIVE PRIVÉ ?

La profession de détective privé est réglementée et encadrée par le CNAPS (Conseil national des activités privées de sécurité), un organisme public sous tutelle du ministère de l'Intérieur. Ce métier appartient au secteur de la sécurité privée. Devenir détective privé ne s'improvise pas. Un diplôme est nécessaire et des autorisations administratives sont obligatoires.

POUR DEVENIR DÉTECTIVE PRIVÉ INDÉPENDANT

Il existe quatre centres de formation en France : deux universités et deux écoles privées.

- **L'université de Nîmes** propose une licence professionnelle « Agent de recherches privées », qui se déroule sur un an, dont trois mois de stage. La formation compte 458 heures de cours et 14 semaines de stage en entreprise.

Conditions d'admission : bac+2. Lors de l'étude du dossier, une priorité est accordée aux étudiants issus d'une licence 2 de droit ou d'une licence 2 d'Administration économique et sociale (AES).

- **L'université de Paris-Panthéon-Assas** propose une licence professionnelle « Sécurité des biens et des personnes, parcours juridique, directeur d'enquêtes privées ». La formation dure un an et se tient sur le site de Melun. Elle compte 370 heures d'enseignement théorique et 400 heures de stage à réaliser tout au long de l'année. Les cours sont dispensés uniquement les vendredis et les samedis.

Conditions d'admission : bac+2. Étude du dossier suivie d'un entretien individuel de sélection. L'université propose également un diplôme d'université (DU) d'enquêteur privé, qui prépare l'accès à la licence.

- **L'IFAR (Institut de formation des agents de recherches)**, situé à Montpellier, propose l'obtention d'un titre de « responsable d'investigations et d'opérations de recherches privées ». La formation dure 700 heures, dont 500 heures de stage.

Conditions d'admission : bac+2. Étude du dossier, puis entretien individuel et test d'entrée.

- **L'ESARP (École supérieure des agents de recherches privées)**, basée à Paris, propose l'obtention d'un titre de « responsable d'investigations et d'opérations de recherches privées ». La formation dure 1 200 heures, dont 500 heures de stage.

Conditions d'admission : bac+2. Étude du dossier, puis entretien individuel et test d'entrée.

POUR DEVENIR DÉTECTIVE PRIVÉ SALARIÉ

Les deux écoles privées (l'IFAR et l'ESARP) proposent également un certificat de qualification professionnelle (CQP) « Enquêteur privé » : ce diplôme permet de devenir salarié d'une agence de détectives privés. La formation dure un trimestre.

L'enquêteur privé salarié travaille sous le contrôle d'un directeur d'agence pour réaliser des investigations et traiter les informations recueillies.

Après un stage de six mois en entreprise, une passerelle est possible pour obtenir le diplôme de directeur d'enquête. La formation passerelle comprend 360 heures d'enseignement et trois mois de stage.

Conditions d'admission : niveau bac, équivalence ou expérience professionnelle.

Une aiguille dans une botte de foin

La première difficulté a été de capturer ces sacs de déchets. Je m'étais garée à quelques mètres en amont de l'immeuble de ma cible, aux alentours de 3 h 30 ou 4 heures. À cette heure-ci, *a priori*, j'étais à peu près sûre de ne croiser personne. J'avais, au préalable, recouvert l'intérieur de mon coffre d'une grande bâche en plastique. Comme les containers déposés sur la voie publique absorbent les poubelles de tout un immeuble, je n'avais eu d'autre choix que d'en prendre le maximum. Ainsi, j'aurais peut-être une chance de découvrir un objet ou un papier abandonné par ma cible. Mais de là à trouver des informations intéressantes pour mon enquête, il y avait un pas... Un gouffre, même.

Dans mon garage, je trie quelques éléments notables mais pas transcendants. Je réunis mon butin dans une boîte en plastique : un document portant le nom et l'adresse de ma cible, permettant d'identifier ces déchets comme étant les siens ; des morceaux déchirés de papier ayant servi à une prise de notes rapide avec juste quelques mots-clés ; l'intitulé du wifi utilisé à son domicile... Au final, seuls seront intéressants pour l'enquête des colis professionnels reçus et des boîtes vides de matériel vendu par la société cliente. Ces paquets nous livrent notamment des informations sur les personnes avec lesquelles s'organise l'entreprise concurrente et sur les produits que la cible s'apprête à proposer dans ce cadre. À ce stade, je ne sais pas encore si ces éléments seront utilisés pour l'action en justice. Un collègue reviendra sur les lieux ultérieurement : il y découvrira des papiers contenant des informations sur la société en cours de création. Notamment son nom.

Ces interventions n'ont été qu'un détail, finalement, au vu de tout ce qui a été mis en place pour prouver la malhonnêteté de l'employé poursuivi. Par la suite, nous effectuerons des filatures et des surveillances afin de déterminer quelles personnes notre cible rencontre et dans quels lieux elle se rend. Cet employé n'est pas simplement accusé de concurrence déloyale : on lui reproche aussi un détournement de clientèle, un débauchage de salarié et des propos visant à dénigrer l'entreprise qui l'employait. Mais ce n'est pas tout.

Juste avant de partir en congé maladie, l'employé avait récupéré, sur des clés USB et des disques durs externes, un très grand nombre de données de l'entreprise : les fichiers clients, des courriels transférés, des documents confidentiels sur les produits mais aussi sur les tarifs pratiqués par l'entreprise… Au total, ce sont près de 20 000 documents qui ont été récupérés de manière illicite. Quand on lui demandera plus tard de restituer le matériel informatique de l'entreprise, il retournera des outils vidés de toutes données. Un grand classique. Un huissier de justice (aujourd'hui commissaire de justice) ne manquera pas de notifier tous ces éléments, consignés dans une enquête au long cours, incluant d'anciens courriels de l'employé qui échangeait déjà, entre les lignes, sur sa future société.

En tant que détective privé – surtout pour moi, à cette époque, qui n'avais participé qu'à une petite partie de l'enquête – il est un peu frustrant de connaître rarement les suites données à un tel dossier. Ce conflit entre employeur et salarié a abouti à des années de procédures. Au bout du compte, j'ai appris que l'employeur avait eu gain de cause et que toutes les preuves apportées dans le rapport du cabinet de détectives privés ainsi que par l'huissier de justice avaient pu être utilisées : elles ont été considérées comme légitimes étant donné la gravité de la faute de l'employé. Le secret des affaires et la protection de la vie privée, invoqués pour contrecarrer notre client, ont été écartés des débats. Pour quelle raison ? Comme la plupart du temps dans nos enquêtes : parce que le motif était légitime et ces méthodes nécessaires pour la défense des droits du client lésé.

Si les enquêtes en concurrence déloyale, pour ce type de motif, sont extrêmement fréquentes (l'idée de récupérer des disques durs remplis de données de son entreprise juste avant de partir est malheureusement monnaie courante), la mission spécifique de la fouille de détritus est en revanche plus rare. Après cette enquête, on ne m'a plus jamais proposé de le faire. Peut-être parce que ce n'est pas si efficace ? Dans notre dossier, le tri des poubelles avait donné des « indices », mais cela ne valait pas la preuve apportée par le fait que deux anciens employés se fréquentaient en dehors de la société, lors d'une période de pandémie où seuls les déplacements professionnels étaient autorisés.

Mes collègues n'évoquent jamais la fouille de poubelles quand ils me racontent leurs missions. Est-ce parce que cela n'arrive jamais ou bien parce que c'est tabou ? Ce n'est pas vraiment le genre d'anecdote qu'on raconte pour se faire mousser à un dîner. Même à ses amis les plus proches. Il nous arrive, en filature, si la cible vient de jeter quelque chose, de regarder dans la poubelle. Mais c'est plutôt pour obtenir des indications sur ce qu'elle faisait dans le lieu d'où elle est sortie, ou bien ce qu'elle y a récupéré. Rien à voir avec ma mission « Dexter », à 4 heures du mat' avec mes gants en plastique, mon masque et ma bâche !

Défendre quelque chose de plus grand

Un an plus tard, j'avais compris que ce n'était pas cela, le métier de détective privé. Du moins pas celui que je voulais faire. Cette mission était une pratique « exceptionnelle ». J'avais tant de choses à me prouver, à mes débuts, il n'était pas encore temps de m'affirmer et de faire la fine bouche sur les enquêtes que l'on me confiait. J'étais persuadée que je devais en baver avec des missions « à la dure » pour devenir une détective, une vraie. Il y avait deux ou trois cases que j'avais besoin de cocher avant de me sentir vraiment du sérail. La planque de quinze heures dans la voiture en faisait partie. Faire les poubelles aussi.

Détective privé est un métier où l'on doit s'effacer et parfois commettre des actes déplaisants (mentir, se salir les mains, prendre des risques). J'avais choisi ce métier pour lutter contre les mensonges et les escroqueries et je me retrouvais à devoir mentir et manipuler les gens pour arriver à mes fins : obtenir une information par téléphone, entrer dans un immeuble, recueillir un document... J'ai parfois dupé des cibles pendant des mois, en jouant la cliente mystère, pour parvenir à prouver qu'elles utilisaient des procédés volés à la concurrence... Est-ce si grave si l'objectif est respectable ? Aujourd'hui, je pourrais refaire ce type de mission, mais pas pour n'importe quelle cause. Quand il s'agit de protéger ou de sauver quelqu'un, les sacrifices prennent un autre sens. Pourtant, une question demeure : à quel point peut-on justifier de s'être sali les mains pour révéler la vérité ?

Un avantage pour cette affaire : j'avais une immense confiance en la personne qui m'avait engagée sur ce dossier. Je savais que ce détective travaillait toujours sur des enquêtes encadrées par des avocats et d'autres professionnels du droit. Il est lui-même un ancien représentant de la loi, et les actes déloyaux des salariés (vol de données, faux arrêt maladie, détournement de clientèle...) lui sont insupportables. On est à l'opposé du détective-barbouze que l'on peut imaginer. Il exècre le mensonge et l'escroquerie. Avec lui, j'ai fait, un temps, mes plus belles missions. Je me suis mise aussi dans de sacrés pétrins. Dans les deux cas, j'ai appris à ses côtés. Les détectives ont souvent des « mentors », des enquêteurs de référence, des gens qui leur ont donné leur première chance et qui les ont formés sur le tas.

Quelques semaines plus tard, il m'appelait pour me proposer une nouvelle mission. Encore une histoire de poubelles ? Décidément. Mais cette enquête n'avait rien à voir avec la précédente. Une investigation qui allait m'emmener, avec un collègue, dans le sud de la France. Trois semaines d'immersion totale dans un univers qui m'était alors inconnu : celui des déchets au cœur d'un trafic juteux.

Chapitre 2

Un trafic de déchets aux frontières

« Margaux, est-ce que ça te dit de descendre dans le sud de la France pour enquêter sur un trafic de déchets ?

– Oui, bien sûr. Combien de temps ?

– Pour le moment, on reste sur place une semaine et on avisera en fonction de ce qu'on récoltera. Je t'envoie les infos au plus vite. Merci. »

Une mission, ça commence souvent comme ça.

Me voilà sur l'autoroute en direction du sud, pour un trajet de près de 700 kilomètres. L'agence m'envoie un ordre de mission détaillé avec les informations nécessaires sur les différentes cibles, le cadre légal de la mission – Qui est le client ? Est-il en droit d'enquêter sur ce sujet ? Ce sont les principales questions à se poser pour être sûr d'agir en toute légalité – et les objectifs à atteindre. Le dossier fournit une carte de la région à couvrir avec les différents sites de recyclage à avoir dans le viseur, ainsi que des images d'un engin compresseur et de déchets compressés sous forme de « cubes ». Notre objectif est de trouver cette machine et ces déchets, puis de les suivre. Les cibles ne sont pas toujours humaines ! Certains déchets doivent obligatoirement être recyclés dans un cadre spécifique, car ils dégagent un gaz polluant, mais des trafiquants les compressent pour les revendre en dehors du circuit traditionnel, ce qui est, bien évidemment, illégal.

Première étape : la chasse aux informations pour mieux comprendre ce sujet complexe. Le client est une entreprise d'intérêt général qui a pour mission le recyclage des déchets en France. L'organisme soupçonne des activités frauduleuses dans différents sites et a besoin de rassembler des preuves pour identifier une filière clandestine et permettre une action en justice. En 2008, l'Union européenne s'était fixé comme objectif de recycler la moitié de ses déchets ménagers à l'horizon 2020. Si les progrès sont indéniables, en ce début 2021, l'objectif n'est pas encore tout à fait atteint. Les déchets ménagers, comme les réfrigérateurs ou les congélateurs, contiennent du gaz toxique dans leur système de refroidissement. Or, ces pièces sont revendues 5 à 10 € au marché noir. D'où le fait que si vous déposez un réfrigérateur à Paris, sur le trottoir, destiné aux encombrants, vous pouvez être quasiment sûr qu'il disparaîtra avant que les agents de la ville ne viennent le récupérer. Le recyclage de ce type d'électroménager doit se faire dans des conditions sécurisées et réglementées pour éviter que le gaz ne s'évapore dans l'air.

Dans le cadre de notre enquête, le simple fait de prouver que la machine broyeuse est utilisée en dehors de tout cadre légal suffirait à dénoncer une organisation illicite.

À ce stade, je dois surtout préparer l'intervention. Cela passe par entrer toutes les adresses sur Google Maps et enregistrer tous les sites suspects répertoriés, puis observer via Google Street View les environs des sites pour anticiper les surveillances possibles. Niveau matériel, je recharge la batterie de ma caméra, ma batterie externe, et je prépare mon sac de mission. J'y glisse mes jumelles, que je n'utilise quasiment jamais à Paris mais qui deviennent indispensables dans des environnements ruraux. J'observe attentivement l'image de ces fameux « cubes » et de la machine broyeuse de déchets pour être certaine de les reconnaître en temps voulu.

Se fondre au milieu des déchets

Les premiers jours, nous nous répartissons les différents sites, avec le collègue qui va m'accompagner sur la mission. Nous effectuons un repérage des lieux : photographies des entrées, des sorties ; des véhicules qui entrent et qui sortent ; je cherche des points de vue, parfois en hauteur, pour essayer au maximum d'apercevoir les déchets stockés dans ces enclos. C'est aussi un temps pour évaluer l'environnement, savoir si les autres entreprises voisines seront sur notre dos, avoir une idée du passage, et surtout, trouver des endroits où planquer pendant des heures, voire des jours, sans se faire repérer.

Ces repérages s'étalent sur six jours. Deux sites retiennent plus particulièrement notre attention, car nous y remarquons des déchets blancs, dans les montagnes de détritus visibles de loin. Difficiles à identifier pour le moment : s'agit-il de lavabos ? Frigos ? Machines à laver ? Les autres déchèteries semblent n'avoir que peu de passage. Je reste cachée entre les carcasses de vieux bus, les chiens errants et les montagnes de pneus abandonnés. Un paradis pour les sens. Je tiens grâce à l'adrénaline que me procure l'insouciance de mes débuts.

Nous explorons ces deux sites suspects sous toutes les coutures. Je me sers de mon téléphone portable, aimanté au support accroché à mon pare-brise, pour faire des images à 180 degrés, quand je contourne les lieux en voiture. Pour les détails plus précis, comme les plaques d'immatriculation ou les marques de certaines machines utilisées, j'utilise plutôt ma petite caméra. C'est une caméra on ne peut plus basique, qui fait la taille de ma main, et qui n'a pas une qualité d'image extraordinaire. Mais cela me suffit pour identifier les véhicules et les visages de mes cibles. Cette caméra a surtout un atout indéniable : elle se met en marche rapidement à l'ouverture du clapet. C'est principalement pour cette raison que je l'ai choisie.

Nous ne trouvons, pour le moment, ni les cubes recherchés ni la fameuse machine. La mission s'avère difficile. Il va falloir être patient. Le septième jour, nous décidons, à trois têtes avec le directeur d'enquête et mon confrère, de changer de stratégie. Puisque nous ne voyons pas nos cibles dans les sites en question, nous allons tenter de les dénicher là où elles doivent forcément passer : sur l'autoroute. Nous nous positionnerons des deux côtés de l'autoroute qui descend en Espagne.

Je me gare sur une aire d'autoroute, entre deux poids lourds. Au moindre doute sur un camion, je démarre et sors en trombe de l'aire pour partir en chasse de mon « suspect ». Une fois derrière lui, je photographie sa plaque et les objets qui dépassent de sa benne. Parfois, les semi-remorques sont recouvertes de filets de pêche verts ou de bâches en plastique noires. Mon directeur d'enquête m'indique si je dois stopper la filature ou si je poursuis pour voir où se dirige le camion. La plupart du temps, je décroche, opère un demi-tour à la sortie la plus proche, avant de reprendre l'autoroute en sens inverse, puis encore dans l'autre sens pour me repositionner à ma place initiale. Mon sang se noie dans le café et les boissons énergisantes pour maintenir ma concentration. Résultat des courses : on fait chou blanc. Je commence à douter de l'utilisation de cette machine sur nos sites cibles. Est-ce que, comme dans certains dossiers d'infidélités, le client « s'est fait des films » ?

Notre chef nous informe qu'une équipe de télévision nous rejoindra dès que nous aurons quelque chose à nous mettre sous la dent. Il faudra répondre à leurs questions et les embarquer avec nous, « en cas d'action ». C'est une demande du client, qui a tout intérêt à ce que ce type de trafic soit médiatisé, et encore plus à faire savoir que des mesures nécessaires sont prises pour l'arrêter. Étant moi-même ancienne journaliste, je suis à la fois contente qu'un reportage soit réalisé pour dénoncer ce trafic, et méfiante car je connais les méthodes parfois peu orthodoxes de certains médias, en particulier la télévision.

Une cible attendue comme le Messie

Au douzième jour de mission, l'enquête bascule enfin. Il était temps car le moral commence à vaciller. Nous la voyons enfin arriver sur l'un des sites de recyclage où nous planquons, cette imposante machine bleue munie de sa tour de contrôle et de son contenant à déchets. Alléluia ! Elle est là, sous nos yeux, simplement fixée sur le châssis du poids lourd qui la transporte. Même pas bâchée. Même pas cachée. Mon pouls s'accélère : je sais que l'action va enfin commencer. Avec mon collègue, nous bloquons les deux issues possibles de la route qui dessert le site, de peur qu'elle ne nous échappe. Les journalistes sont prévenus illico. La fin de la journée sera calme. Je guette aux jumelles, à près de 400 mètres de distance, que la « bête » ne nous fasse pas faux bond. Mon collègue veillera sur elle quasiment toute la nuit, pour s'assurer qu'elle ne bouge pas. Le simple fait que cette machine soit présente, dans ce lieu, est déjà la preuve de l'existence d'un trafic illicite. Mais le travail d'enquête ne fait que commencer.

Le lendemain, nous revenons à la première heure, détectives et journalistes, tous remplis d'espoir. Les journalistes, dans leur véhicule, s'approchent du site. Ils entrent dans la déchèterie avec une caméra cachée, et filment quelques images en passant en voiture plusieurs fois, le caméraman allongé sur la banquette arrière. Jusqu'à ce qu'ils se fassent repérer par des types qui zonent aux abords de la déchèterie et qui les prennent aussitôt en chasse. Une altercation s'ensuit, hors véhicule, quelques mètres plus loin. Inquiète, je me demande si notre surveillance va pouvoir se poursuivre. Après douze jours interminables, je n'arrive pas à croire qu'on puisse tout annuler à cause d'un reportage TV qui a mal tourné. Finalement, nous recevons l'ordre de continuer en redoublant de vigilance… et de discrétion.

Même si nos méthodes sont un peu différentes, nous avons, journalistes et détectives, la même volonté de découvrir les vérités cachées et d'en récolter les preuves. J'ai une profonde admiration pour le métier de journaliste que je trouve nécessaire. Je connais les conditions financières et les restrictions de temps qui font que parfois, ils sont un peu « bourrins ». Ils n'ont pas eu le luxe de passer douze jours à observer les sites, à prendre la température, à mesurer les risques et le voisinage. Nous, nous attendons le bon moment. Eux sont parfois contraints de le provoquer. Et même si des journalistes d'investigation se doivent d'être discrets, ce n'est pas forcément le point le plus important pour eux. Nous, c'est la pierre angulaire de notre métier. Si notre cible repère quelque chose d'anormal, elle va être en alerte, regarder dans le rétroviseur, tourner la tête à gauche et à droite en sortant de chez elle. Même pire : la cible peut changer ses plans.

L'après-midi, la chance nous sourit. Un poids lourd entre vide dans la déchèterie… et en ressort, quelques heures plus tard, débordant de cubes de déchets compressés. Bingo ! Mon collègue embarque un journaliste avec lui et poursuit le camion. Nous allons enfin découvrir la destination des cubes et voir se dessiner la filière. Je reste sur le site où se trouve toujours la machine et je constate les nombreux passages de camionnettes remplies d'électroménager. Certaines d'entre elles transportent parfois jusqu'à cinq frigos. Quatre jours après son arrivée, la machine repart. Elle nous conduit vers un immense site espagnol, situé dans une zone industrielle. Ce sera notre nouveau point de surveillance.

Un confrère nous rejoint car le travail commence à être ardu pour seulement deux agents. On se répartit les sites, des deux côtés de la frontière. On flashe tout ce qui entre et tout ce qui sort. Je prends en filature un camion qui semble faire la navette entre les sites espagnols et français. Ici commence ma dernière course avant d'atteindre la ligne d'arrivée. Je pars dans l'idée de faire un sprint. Finalement, ce sera un marathon.

L'objectif de ces prochains jours : confirmer ou non l'existence de ce trafic et lister toutes les adresses et véhicules pour le dossier qui sera remis aux autorités. Du matin au soir, le chauffeur du poids lourd roule en effectuant des arrêts sur des sites, français et espagnols, où il reste momentanément, le temps de décharger ou de charger. Le soir, il se gare dans un parking pour camions, dans une petite ville espagnole. Là, je réalise que j'ai commis une erreur de débutante : j'ai laissé toutes mes affaires, dont mon ordinateur, dans l'hôtel côté France. Ne jamais quitter un hôtel sans emporter toutes ses affaires ! On ne peut pas anticiper le déroulé d'une mission. Je suis obligée de rentrer dormir côté France et de revenir pour une mise en place à 5 heures du matin. La filature va ensuite durer quinze heures. Pendant cette journée intense, le camion va nous faire découvrir de nouveaux sites, très utiles pour l'enquête. Je le filme même en train de déverser tous les cubes blancs dans une déchèterie espagnole, avant de revenir charger en France. Des preuves, comme on les aime. À 20 heures, alors que le routier s'arrête dans une station-essence, nous décidons de décrocher, c'est-à-dire de quitter le dispositif de surveillance. Il faut bien s'arrêter, à un moment donné.

Sur la route du retour, je me fais arrêter à 1 heure du matin par la police des frontières. Ils me font ouvrir le coffre et me demandent ce que je fais là. Je dis que je rentre du travail. Ils me répondent : « Il faut dormir, madame, vous avez l'air fatiguée. » Ils me conseillent de m'arrêter à la prochaine sortie. Je fais un coma de deux heures, sur le parking d'une aire d'autoroute. Épuisée mais avec le sentiment du devoir accompli.

Nous avons suffisamment de matière. Le client est très satisfait. Pour preuve, on renouvellera le même type de dispositif dans une autre région de France, quelques mois plus tard.

Entre-temps, je vais revenir à l'humain. Je rencontre ma première cliente pour une affaire de disparition de personne où chaque minute sera comptée.

TECHNIQUES DE FILATURE ET DE SURVEILLANCE

Il y a, évidemment, bien d'autres manières d'enquêter que la filature ou la surveillance. Je pense notamment à des détectives privés qui sont spécialisés dans les recherches administratives ou numériques, mais la filature et la surveillance restent, selon moi, les techniques d'enquête principales à disposition du détective privé.

Certains agents de recherches privées effectuent chaque étape d'une investigation : le contact avec le client, la rédaction du contrat, la filature et la surveillance, la rédaction du rapport d'enquête final. D'autres, surtout à Paris, font le choix de se concentrer uniquement sur la partie terrain. Ces collaborateurs extérieurs, eux-mêmes détectives privés indépendants, sont ce qu'on appelle « les fileurs ». Chacun d'eux a sa propre entreprise d'enquête, avec laquelle il facture, mais comme ils travaillent principalement en sous-traitance pour d'autres agences, ils n'ont pas forcément de sites Internet et ne communiquent pas du tout pour chercher de nouveaux clients. Ils sont concentrés sur leur spécialité : le terrain.

Qu'elle soit piétonne, en voiture ou à moto, la filature se perfectionne avec le temps et l'expérience. Lors de la formation, nous sommes tous censés avoir reçu les bases techniques, mais rien ne vaut des heures et des heures de filature pour obtenir les bons réflexes.

PRÉPARER LE TERRAIN

L'objectif du directeur d'enquête est de réunir le maximum d'informations afin de préparer l'intervention au mieux. Le cadre juridique va définir, parfois, si telle ou telle pratique est légale : en droit civil, nous n'avons pas forcément les mêmes libertés pour récolter les preuves qu'en droit pénal ou en droit social, par exemple. Surtout, cela va déterminer les preuves utiles que l'on souhaite récolter au cours de la mission. Si c'est une mission pour adultère, nous aurons par exemple besoin de photographies de l'époux avec sa maîtresse ou son amant, en cherchant surtout à observer et capturer des gestes tendres (ils se tiennent par la main, ils s'embrassent sur la bouche, ils se caressent le visage...). Si c'est une enquête pour concurrence déloyale, il faudra voir au maximum s'il y a des échanges de documents ou d'objets avec les personnes que la cible rencontre, etc. S'il s'agit d'une garde d'enfant, il est important de veiller, par exemple, au bon respect du Code de la route quand l'un des parents est au volant avec l'enfant à bord, savoir s'il boit de l'alcool au cours de la journée, etc.

L'important, pour le ou les agents qui seront sur le terrain, est de disposer d'un maximum de détails sur la cible : sa description physique (taille, corpulence) ; des photographies récentes (si possible de pied et des portraits) ; ses habitudes de déplacements (transports en commun, vélo, VTC, à pied...) ; l'adresse de son domicile ; l'adresse et ses horaires de travail... La cible porte-t-elle des lunettes ? Est-ce qu'elle fume (auquel cas, elle pourra faire des sorties sur le trottoir, si elle est dans un lieu interdit aux fumeurs) ? Est-ce qu'elle a un chien (elle pourrait sortir pour le promener en faisant le tour du pâté de maisons) ?

Des recherches sur le type de véhicule de la cible peuvent être utiles, pour bien avoir l'image de la voiture en tête. Mais le plus important, c'est de regarder sur Google Maps, par exemple, les environs du lieu de départ de la filature (cela peut être le lieu de travail ou le domicile de la cible, dans le cas d'une garde d'enfant par exemple). Où pourra-t-on se garer ? Comment est l'environnement ? Sur place, on peaufinera l'observation des lieux : y a-t-il un gardien d'immeuble qui risque d'être très attentif ? Dans un quartier pavillonnaire, est-ce que les voisins sont très vigilants ? L'idée étant de faire attention à ce que personne ne comprenne que lorsque votre cible sort, c'est elle que vous suivez. Sinon, cela pourrait lui être rapporté.

Quand on reste dix heures en surveillance, parfois plusieurs jours d'affilée, il n'est pas rare que des personnes du coin viennent nous demander ce que l'on fait. Des voisins devant chez qui vous êtes garé, des habitants du quartier qui vous ont vu à plusieurs reprises. Dans un monde parfait, il faudrait avoir toujours un super scénario bien ficelé. Dans la réalité, le plus important est surtout de faire baisser la méfiance de la personne qui vient vous parler. Dire quelque chose de naturel, qui ne soit pas trop saugrenu ou n'amène pas mille autres questions.

L'ART DU « DÉSILHOUETTAGE »

Lorsque la cible sort, le détective privé commence la filature, que ce soit à pied, en voiture ou en transport en commun. En général, nous nous tenons toujours à bonne distance, mais il peut arriver que nous croisions notre cible. L'important n'est pas d'être invisible : plutôt de ne pas se faire remarquer. Les personnes que nous voyons dans la rue ne sont pas très précises, dans notre tête. C'est un jeune homme avec une casquette et un pull noir ; une femme avec une grosse écharpe grise et des lunettes de vue, etc. Si nous croisons notre cible, nous pouvons nous « désilhouetter », c'est-à-dire faire en sorte que notre apparence change. De loin, la personne ne verra plus un homme en veste kaki et béret, elle verra un homme avec un pull noir et des cheveux blonds. Elle ne verra plus une jeune femme aux cheveux longs avec une veste en jean, mais une femme avec des lunettes de soleil, les cheveux plaqués et un pull marron. Dans la tête de nos cibles, si le job est bien fait, ce ne sera pas la même personne qu'elles auront croisée à plusieurs reprises.

Lors de la filature, nous devons être capables d'indiquer, avec précision, les heures des entrées et sorties de la cible ; les adresses exactes des lieux où elle se rend ; si elle a rencontré ou non une ou plusieurs personnes dans un lieu public, etc. La difficulté d'une filature est de trouver la bonne distance : suffisamment loin pour ne pas se faire repérer, mais suffisamment près pour récolter les informations nécessaires. Par exemple, ma cible entre dans un magasin ou un restaurant. Dois-je entrer aussi, au risque de la croiser ? Est-ce vraiment utile pour l'objectif de la mission ? Dans un magasin, il est souvent inutile d'entrer. Dans un restaurant, en revanche, il peut être nécessaire de savoir si la cible a rejoint une personne ou un groupe de personnes. Tout est question d'équilibre et d'évaluation des risques. Il vaut toujours mieux perdre une filature (que l'on pourra reprendre plus tard) que de se faire « détroncher », c'est-à-dire remarquer par la cible – se faire « griller », en somme.

Chapitre 3

Recherche frère bipolaire disparu

Quelques mois après mon installation en tant que détective privée indépendante, je décide d'annoncer le démarrage de ma nouvelle activité à mon réseau. Je rédige un statut sur Facebook en expliquant ma reconversion professionnelle. Je partage un lien vers mon site Internet, qui présente mes services. Peu de temps après, l'un de mes contacts m'écrit en privé : l'une de ses amies a besoin d'un enquêteur – son frère a disparu. Il m'informe qu'il va lui transférer mes coordonnées.

Charlotte m'appelle quelques heures plus tard. Nous avons à peu près le même âge. Rapidement, nous nous tutoyons. Elle est paniquée car elle est sans nouvelles de son frère depuis plusieurs jours. Elle pense qu'il est à Paris, quelque part, probablement dans un hôtel ou un Airbnb mais personne ne sait où exactement. Il y a quelques mois, Lucas, d'un an son aîné, a été bouleversé par une annonce : les médecins ont diagnostiqué un trouble bipolaire. Lucas traverserait, en ce moment même, une phase maniaque aiguë. Comment cette crise se traduit-elle ? Pour Lucas, elle prend la forme de ce que je renomme, dans ma tête, « un suicide social ».

Lucas est en couple avec Manon depuis quatre ans. C'est sa petite amie, la première, qui a souhaité déposer une plainte cinq jours plus tôt, pour déclarer sa disparition. Lucas étant majeur, la police a estimé qu'il n'y avait pas d'éléments suffisamment probants pour caractériser un réel danger. Manon a finalement enregistré une main courante.

Pourtant, selon Charlotte et Manon, le danger est bien réel. Depuis quelques jours, Lucas écrit à tout son répertoire, que ce soit des amis d'enfance ou de simples connaissances, via toutes les plateformes possibles : WhatsApp, Facebook, SMS… Les messages n'ont rien d'agréable : ce sont principalement des menaces, des insultes, des propos incohérents, blessants, violents. Lucas est persuadé que tous, hommes, femmes, collègues de travail et même patron, ont couché avec Manon, sa petite amie. Il leur signifie, dans un texte entrecoupé d'injures en tout genre, qu'ils sont désormais « sur sa liste » et que le jour du jugement arrive à grands pas. En tout, 36 personnes seront ciblées par ces messages inquiétants.

Les personnes réagissent en fonction de leur degré de proximité avec Lucas. Son frère aîné, lui aussi accusé d'avoir eu une relation avec Manon, répond avec tendresse et empathie : « Tu es en plein pic, Lucas. Quand tu seras descendu, je serai là. Je suis patient. Je t'aime. Prends soin de toi. » Entre ses messages, Lucas le traite de raclure qui l'a trahi et lui dit qu'il sera puni. « Je vais te shooter », écrit même Lucas. Certains amis sont juste choqués et lui demandent s'il est en sécurité, lui proposent de le rejoindre. Lucas refuse de donner l'adresse du lieu où il se trouve. D'autres encore, des connaissances plus lointaines, lui écrivent par un autre canal et lui demandent si son compte Facebook n'a pas été hacké : « Je reçois des messages étranges de toi. » Lucas répond que non, il n'est pas victime d'usurpation et que l'ami en question est un traître, qu'il ferait mieux de surveiller son couple car sa femme « le fait cocu avec toute la région PACA ». Les mots sont durs, tranchants, ciblent même le physique. Parfois, la réaction est simple : les destinataires, offusqués de tels propos, bloquent Lucas.

L'un de ses collègues, également « sur la liste », se voit même menacé lui et ses enfants. Le patron de Lucas est aussi accusé d'avoir couché avec Manon et lui répond qu'il devrait prendre un peu de repos. Charlotte contacte un maximum de ces personnes, pour tenter de colmater la plaie. Elle réalise que les conséquences au niveau du travail de Lucas risquent d'être très graves. Elle tente, pendant des heures au téléphone, d'expliquer que Lucas est atteint d'une maladie, que c'est cette maladie qui parle, qu'actuellement Lucas n'est plus lui-même. Des amis éloignés se demandent s'ils doivent porter plainte, inquiets pour leur propre sécurité.

Je suis personnellement choquée de découvrir que la bipolarité peut pousser à une telle violence, entraînant de graves conséquences. C'est un trouble qui revient régulièrement dans les enquêtes et je ne suis pas au bout de mes surprises.

Recueil des témoignages et reconstitution d'une chronologie des faits

Je propose à Charlotte la stratégie suivante : dans un premier temps, je vais rédiger un rapport d'enquête réunissant tous les éléments à notre disposition (messages menaçants, témoignages, indices récoltés lors de l'enquête à venir) prouvant que Lucas est un danger pour les autres et pour lui-même, qu'il est dans une situation de grande vulnérabilité. Le rapport pourra ainsi être transmis à la police le lendemain et appuiera la volonté des proches de Lucas que la disparition soit requalifiée en disparition inquiétante. Le temps presse et nous ne perdons pas une seule minute. Charlotte crée un groupe WhatsApp avec tous les amis proches de Lucas et leur grand frère. Elle demande à tous de lui fournir des captures d'écran et de lui faire savoir s'ils sont au courant de nouvelles personnes que Lucas aurait contactées.

De mon côté, je contacte le père de Lucas, qui est la personne de la famille dont il est le plus proche. Lucas l'a appelé par téléphone la veille, tôt dans la journée. Il était très en colère contre sa mère, son frère et sa sœur, de l'avoir fait hospitaliser quelques mois plus tôt, au moment du diagnostic de sa maladie. À cette période, il avait déjà traversé un épisode maniaque délirant de trouble bipolaire. Le médecin avait mentionné que Lucas était « en rupture de traitement et de suivi ». En se remémorant cet événement, Lucas dit à son père que s'il devait y retourner, il mettrait fin à ses jours. Il confirme aussi avoir pris un Airbnb mais refuse d'en donner l'adresse à son père. Le soir même, Lucas lui envoie un message d'une tout autre teneur : son père, étant désormais lui aussi « sur sa liste », va devoir s'excuser. C'est un papa désemparé qui fonde son dernier espoir sur moi pour retrouver son fils et lui apporter l'aide dont il a besoin. Je n'ai pas l'habitude de ressentir autant de responsabilités peser sur mes épaules. Je mets ma vie entre parenthèses. Plus rien d'autre ne compte, à cet instant, que de retrouver Lucas.

La mère dispose d'une procuration sur le compte bancaire de Lucas, qui nous permet d'obtenir ses relevés bancaires. Parmi les derniers mouvements, il y a notamment un hôtel dont nous devinons le nom. Je contacte les responsables du lieu et leur explique la situation. On me transfère, par téléphone, la personne qui travaillait le jour en question. L'employée se souvient bien de Lucas et confirme sa présence à cette date. Il était seul, *a priori*. Elle se remémore ce qu'il a commandé pour son repas en room-service. Quand elle est entrée dans sa chambre, elle a été étonnée par le grand silence et l'obscurité. « Je souffre moi-même de fortes migraines, j'ai pensé qu'il en avait. » Lucas a payé une taxe pour deux personnes. Le père se souvient que Lucas a mentionné la présence d'« une fée » à ses côtés. Il n'a pas réussi à déterminer s'il s'agissait d'une vraie personne, que Lucas venait de rencontrer, ou bien si c'était une image, une métaphore. Dans le rapport, je précise que nous ne savons pas si Lucas est sous l'emprise d'une personne rencontrée ces derniers jours.

Je contacte aussi Vincent. C'est le meilleur ami de Lucas et l'une des dernières personnes à lui avoir parlé de vive voix au téléphone. Lucas lui a confié avoir rompu avec Manon. Il a aussi évoqué son récent diagnostic et a admis avoir été un peu loin « dans ses délires », par le passé. Quand Vincent lui demande s'il prend son traitement ou a un suivi thérapeutique, Lucas élude la question. « Il était très en colère contre Manon qui l'a trompé. Quand on s'est rappelés quelques jours plus tard, l'ambiance était glaciale. Il m'a accusé d'avoir moi aussi fauté avec Manon. Il m'a dit que j'étais "sur sa liste". Je n'ai pas tout compris de cette conversation lunaire. Lucas s'est dit victime de la plus haute trahison. Il a dit vouloir régler ses comptes. »

LA PUISSANCE DE L'ENQUÊTE DE VOISINAGE

Technique souvent utilisée par les forces de l'ordre, l'enquête de voisinage est un outil redoutablement efficace pour les détectives privés. Elle permet de recueillir des renseignements précieux sur le terrain, en s'appuyant sur les témoignages spontanés de riverains, voisins ou commerçants.

À la différence d'un policier ou d'un gendarme, le détective privé n'annonce jamais sa fonction ni la vraie raison de sa venue, lorsqu'il part à la recherche d'informations. Il doit obtenir des éléments sans que son interlocuteur se rende compte qu'il est « cuisiné » aux fins d'une enquête. D'où l'intérêt de préparer un scénario crédible et d'adopter une attitude naturelle. Recueillir une information sans « en avoir l'air », c'est l'art de ce qu'on appelle l'« élicitation ».

J'utilise régulièrement l'enquête de voisinage pour retrouver une personne (dans le cadre d'une disparition, d'un litige ou d'un contentieux), identifier un domicile réellement occupé, ou encore retrouver le propriétaire d'un appartement. Dans certains dossiers, mes clients doivent parfois faire délivrer un acte par un commissaire de justice ou envoyer un courrier recommandé. Mais les adresses connues sont parfois obsolètes ; les personnes recherchées peuvent avoir déménagé ou chercher à dissimuler leur lieu de résidence.

Prenons un exemple concret : un jour, je me suis présentée chez un jeune homme, un pack de sodas et des chips à la main, sous prétexte de faire une surprise à sa petite amie que j'aurais, soi-disant, rencontrée lors d'un voyage en Australie. Il n'y a vu que du feu : il m'a même donné le nouveau numéro de téléphone de son ex-compagne, m'expliquant qu'ils s'étaient séparés et qu'elle vivait désormais en Suisse... Cette femme était poursuivie par son ancienne entreprise pour vol de données sensibles.

Autre cas : lors d'une surveillance de quelques heures devant une maison, j'interpelle un voisin en balade avec son chien. Il m'apprend que ma cible vit en Thaïlande la moitié de l'année, et que seule sa fille aînée habite actuellement dans le domicile. Résultat : du temps de surveillance économisé et une nouvelle piste pour retrouver notre débiteur en cavale.

Enfin, attention aux apparences : les noms sur les boîtes aux lettres et interphones ne sont pas forcément à jour. Une personne qui se cache pourrait faire rediriger son courrier en précisant « chez Mme Durand », ce qui laisserait croire qu'elle n'habite pas là, alors qu'elle y vit bel et bien. Seule une vérification sur le terrain permet de lever ce type de doute.

Rendez-vous sur les lieux

Le lendemain, à la première heure, je me rends au domicile de Manon et Lucas, en présence de ma cliente, Charlotte. Lucas n'est toujours pas revenu. J'en profite pour observer son environnement, parler avec sa petite amie, et surtout, je remets le rapport d'enquête finalisé à ma cliente. J'accompagne Charlotte et Manon au commissariat pour qu'elles déposent plainte à nouveau pour disparition, en fournissant les nouveaux éléments recueillis et la chronologie des faits inquiétants.

Nous commençons ensuite les recherches sur le terrain. Charlotte n'habite pas à Paris, elle est venue expressément de Strasbourg pour retrouver son frère. Elle va m'accompagner dans mon enquête, ce qui est rare car en général je réalise mes investigations seule, mais cela nous permet, à toutes les deux, de rester informées en temps réel de la situation. Elle, de l'enquête de terrain ; moi, des retours de la police. Dans les affaires de disparition, il est important d'impliquer les familles dans les recherches. Être dans l'action leur permet de ne pas trop ressasser tous les scénarios catastrophe qui pourraient se produire. Aider les enquêteurs leur fait aussi se sentir un peu moins impuissantes face à la situation.

Le relevé bancaire de Lucas que nous avons récupéré précédemment nous indique un secteur que nous commençons à quadriller. Lucas étant fumeur et souffrant de migraines, nous allons notamment dans les pharmacies et bureaux de tabac des alentours. Puis dans les petits supermarchés. J'explique la situation d'urgence, Charlotte souligne que c'est son frère et montre des photos de Lucas. Nous répétons cela dans tous les commerces du quartier. Dans ce type de situation, les inconnus sont très à l'écoute, ils ont vraiment à cœur d'aider. Plusieurs commerçants nous proposent d'afficher la photo de Lucas mais nous refusons, pour ne pas aggraver la situation si Lucas se retrouve nez à nez avec son portrait.

En parallèle, la police appelle Charlotte : ils ont bien pris connaissance de tous les éléments. Ils vont lancer une recherche de géolocalisation. La disparition de Lucas est requalifiée d'« inquiétante ». Notre premier objectif est atteint. Sauf que nous avons à peine le temps de nous réjouir, car Charlotte apprend que Lucas vient d'envoyer un texto à Manon : « J'ai gagné ma place au paradis aujourd'hui. Rejoins-moi. » Alors que nous sommes bloquées dans les bouchons parisiens, Charlotte, assise côté passager, explose en larmes, prise de panique. Elle rappelle le commissariat dans la seconde et informe les enquêteurs de ce message alarmant de Lucas. Ils lancent la procédure d'urgence. Je tente de rassurer ma cliente en lui disant qu'on va rapidement retrouver son frère. Intérieurement, je suis aussi inquiète qu'elle, mais j'essaie, tant bien que mal, de ne pas le montrer.

Une heure plus tard, nous croisons, par hasard, une voiture de police, gyrophare allumé. À l'intérieur, sur la banquette arrière, entouré de deux agents... Lucas ! Nous nous regardons Charlotte et moi, pour être sûres de ne pas avoir rêvé. Ma cliente a la confirmation quelques minutes plus tard : son frère a été retrouvé et est conduit au commissariat.

Une fois sur place, la police précise que Lucas n'étant pas en crise « visible » devant eux, ils ne peuvent pas procéder à une hospitalisation contrainte. Lucas va passer un entretien avec le psychologue du commissariat. Il y a un moment de flottement où nous réalisons qu'étant donné que Lucas arrive à faire bonne figure devant les agents de police, il va bientôt pouvoir ressortir du commissariat. Pendant cette heure d'incertitude, le père de Lucas m'appelle : « S'il vous plaît, ne le lâchez pas s'il sort. Sinon, c'est sûr, je vais perdre mon fils à jamais. » Je me sens impuissante et partagée entre la volonté d'aider ce père et la liberté qu'a chaque personne majeure de se déplacer librement...

Lucas est finalement transféré à l'infirmerie de la préfecture de police, puis dans le département psychiatrique d'un hôpital où il séjournera quelques jours. L'issue est terrible mais c'est un soulagement pour tout le monde.

Un dénouement plutôt heureux

Les explications au sujet de sa maladie ne permettront pas à Lucas de conserver son emploi. Quelques années plus tard, en prenant des nouvelles via Charlotte, j'apprends qu'il tente de se reconstruire, qu'il a trouvé un nouveau travail mais qu'il doit se réhabituer à avoir un cadre : des horaires fixes, un patron, des collègues avec qui travailler en équipe… Ce n'est pas quelque chose d'évident pour bien des personnes, mais encore moins pour Lucas qui se sent déjà contraint par sa maladie et ralenti par son traitement. Il est toujours en couple avec sa petite amie. Manon est l'archétype de la femme dévouée, qui a toujours différencié la belle personne qu'est Lucas, au fond de lui, et son trouble bipolaire qui lui fait commettre des choses insensées. Elle a posé une unique condition : si Lucas accepte de prendre son traitement, elle sera toujours à ses côtés.

J'ai rencontré, récemment, une autre personne bipolaire. Je lui ai demandé pourquoi souvent – je l'ai constaté dans mes enquêtes – les personnes atteintes de ce trouble refusent leur traitement. Sa réponse m'a permis de mieux comprendre : « Déjà, c'est une forme de déni. La plupart ne se sentent pas malades, donc ne ressentent pas le besoin de se soigner. Et puis, les médicaments enlèvent tous ces hauts et ces bas qui leur donnent aussi un trait de caractère différent. Ils ont peur qu'on gomme une part de leur personnalité. »

La bipolarité, Alzheimer, la dépression, la schizophrénie vont devenir des thématiques récurrentes dans mes enquêtes, que ce soit dans le cadre de disparitions, d'abus de faiblesse, d'abus de confiance ou d'escroqueries. Je vais m'attacher à en connaître davantage sur le sujet, afin de mieux comprendre la situation personnelle que vivent ces personnes ainsi que leur entourage.

DE L'AMI PERDU DE VUE AUX DISPARITIONS INQUIÉTANTES

Jusqu'en 2013, toute personne pouvait demander une « recherche dans l'intérêt des familles » (RIF). C'était une procédure administrative lancée par la police, la gendarmerie ou la préfecture, visant à enquêter sur une disparition de personne majeure, que cette disparition soit inquiétante ou non. La requête devait toujours être motivée par un « intérêt de famille », qu'il s'agisse de renouer le contact ou d'accomplir certaines formalités administratives.

Avec l'arrivée des réseaux sociaux et d'Internet, les autorités ont jugé que la procédure n'était plus nécessaire, d'autant que les demandes avaient largement baissé et que parfois, elles sortaient du cadre juridique prévu. La RIF a disparu définitivement en avril 2013. Il n'est donc plus possible, aujourd'hui, de demander une enquête pour disparition d'une personne majeure, même si l'on est de la famille du disparu, tant que la disparition n'a pas de caractère « inquiétant ».

RECHERCHER UNE PERSONNE MAJEURE

Aujourd'hui, pour retrouver un majeur perdu de vue, les Français doivent se débrouiller par eux-mêmes avec différents leviers à leur disposition :

- Effectuer des recherches sur Internet et les réseaux sociaux, ainsi qu'auprès des mairies. Toute personne peut demander, sans justificatif, un extrait d'acte de naissance d'un citoyen, dans la mairie du lieu de naissance… C'est une démarche qui demande de connaître l'état civil de la personne : nom, prénom, date et lieu de naissance. Pour demander un extrait avec filiation ou un acte intégral, il faut justifier de la qualité du demandeur et de sa démarche.

- Contacter des associations spécialisées dans l'accompagnement des proches de disparus : l'ARPD (Assistance et recherche de personnes disparues), MANU Association, l'ARIF (Assistance et recherche dans l'intérêt des familles)...
- Mandater un détective privé pour qu'il enquête en leur nom.

Dans tous les cas, toute personne majeure, en France, a le droit de disparaître. Et rien ne l'oblige à donner les raisons de son départ à l'entourage si elle n'a pas d'obligations légales envers lui. C'est pourquoi ni les associations ni le détective privé n'ont le droit de transmettre des informations sur la personne retrouvée ou ses coordonnées sans son accord. Si vous retrouvez une personne disparue et qu'elle formule son refus d'entrer en contact avec qui que ce soit, vous devez le respecter, c'est son choix.

RECHERCHER UNE PERSONNE MINEURE

La disparition d'une personne mineure peut être signalée à tout moment, sans délai, auprès des services de police ou de gendarmerie. Une enquête est ouverte immédiatement.

Il faut évidemment tout mettre en œuvre pour rechercher l'enfant ou l'adolescent auprès des proches ou amis, se rendre dans les lieux où on a pu le voir pour la dernière fois : école, collège, amis, trajets habituels, lieux préférés...

Un dispositif « Alerte enlèvement » peut être déclenché par le procureur de la République, mais ce n'est pas automatique, même en cas de suspicion d'enlèvement.

Il est aussi possible et conseillé d'appeler par téléphone le service 116000 Enfants Disparus. Il s'agit d'un numéro européen unique dédié aux disparitions d'enfants.

Chapitre 4

Trafic d'enfants et réseau pédophile

Quand je rencontre Delphine, fin 2021, je suis loin de me douter que nous allons démarrer ensemble une enquête de plusieurs années. Delphine ne veut raconter son histoire qu'à une femme. C'est cette raison précisément qui l'a conduite à moi. Nous échangeons d'abord par téléphone, pour convenir d'un rendez-vous physique car elle refuse de m'en dire plus, avant de me rencontrer. Elle est prudente ou méfiante. J'ai l'habitude, c'est le cas de la plupart des personnes qui me contactent.

Quelques jours plus tard, elle m'accueille dans son atelier d'artiste. Elle me demande si je n'ai pas eu de mal à me garer dans le quartier. Nous descendons dans un sous-sol et j'entre dans une pièce un peu sombre. C'est ici qu'elle crée. Ou plutôt, qu'elle « répare ». Tout en m'offrant un café, elle me fait découvrir sa passion du moment : le kintsugi. C'est une technique ancestrale, apparue au XVe siècle au Japon, qui consiste à réparer un objet brisé en soulignant ses failles avec de la poudre d'or, plutôt que de les masquer. C'est une manière de sublimer les cicatrices, lors d'un processus de réparation long et méticuleux, qui peut parfois s'étaler sur plusieurs mois. Cet art symbolise la guérison, la résilience. Delphine me le confirme en m'indiquant qu'une fois réparé, « le vase est encore plus solide et précieux » qu'auparavant.

Je sens Delphine mal à l'aise, reculant le moment où elle va devoir me parler de la vraie raison de son invitation. Je la laisse prendre son temps. Son histoire semble lourde à porter. Je reste silencieuse pour l'inviter à parler. Les cafés sont froids, désormais. Je finis ma tasse quand même. Delphine est très troublée que je boive du café froid. Je me demande si elle se focalise sur des petits détails insignifiants comme ce café pour éviter le vrai sujet. Puis elle commence enfin son histoire. Elle m'indique qu'il y a deux volets dans son récit. L'un où je vais pouvoir l'aider, et dont elle va me parler tout de suite ; l'autre dont elle me parlera plus tard. « Je ne veux pas vous faire fuir. » Elle me répète cette phrase à plusieurs reprises. Sa volonté de ne pas m'effrayer. Je tente de la rassurer comme je peux. Je ne compte absolument pas partir d'ici. Je réalise que c'est sa façon à elle d'y aller pas à pas, de me prévenir que ce qu'elle a à me révéler est très grave. Avec du recul, je me dis qu'elle avait peut-être peur que je ne la croie pas.

À la recherche du passé

Elle s'appelle Delphine B., mais ce n'est pas son état civil de naissance. Elle a été adoptée quand elle était bébé, quelques mois après sa naissance, par un couple de Français issu de l'aristocratie. Ses deux parents adoptifs sont aujourd'hui décédés. Son père adoptif d'abord, qu'elle me propose d'emblée d'appeler par son prénom : « Gérard ». Il était médecin et il est mort peu de temps après l'épidémie de Covid. Quand elle en parle, elle lève les yeux au ciel et je sens, par ses mimiques, qu'elle le méprise terriblement, d'où le fait qu'elle refuse de lui attribuer les noms de « papa » ou même « père ».

Sa mère est décédée quelques mois plus tard. Elle dit bien « ma mère », et semble encore affectée par sa perte. Après la mort de cette dernière, Delphine a retrouvé une enveloppe qui était cachée dans ses affaires. Sa mère l'avait scotchée sur la paroi d'un secrétaire. Le contenu de ces documents ? Il est encore trop tôt pour en parler. Elle pense que je vais refuser de l'aider dès que j'apprendrai son secret. Je la rassure, elle en a besoin pour se sentir en confiance et continuer son récit. Delphine est aujourd'hui âgée de 45 ans et les documents, laissés par sa mère, lui ont symboliquement donné « l'autorisation » d'en savoir plus sur ses origines. C'est comme cela qu'elle l'analyse. Comme d'autres enfants adoptés avant elle, elle n'avait jamais osé creuser pour savoir qui étaient ses parents biologiques, du vivant de ses parents adoptifs. Une histoire de loyauté ? Pour Delphine, c'est plus complexe : elle n'a jamais fait de recherches auparavant car elle a toujours voulu protéger sa mère, une femme sous l'emprise d'un mari violent. Si Delphine posait trop de questions, c'est sa mère qui en subissait les conséquences. La loi du silence s'est instaurée de cette manière.

Quand Delphine a demandé à consulter son dossier auprès de l'organisme français d'adoption qui a traité son cas, elle y a découvert, par chance, le nom de sa mère biologique. Je précise « par chance », car c'est la première anomalie d'un dossier qui en contient des dizaines, comme nous le constaterons au fil des mois. En France, il y a deux types d'adoption : l'adoption simple qui permet de conserver le lien avec la famille d'origine ; l'adoption plénière qui donne à l'adopté une filiation qui remplace sa filiation d'origine. L'adopté cesse alors d'appartenir à sa famille d'origine et prend le nom de sa famille adoptive. Son état civil est même modifié : sur l'acte de naissance de l'enfant, apparaissent alors le prénom et le nom choisis par la famille adoptive, effaçant ainsi le passé. C'est un véritable problème pour les enfants issus d'une adoption plénière car ils n'ont, en général, que peu d'indices les guidant vers leurs parents biologiques, s'ils venaient à les rechercher. Nous ne saurons jamais vraiment pourquoi le nom de la mère apparaît alors dans le dossier, mais c'est grâce à cette erreur sûrement humaine que les recherches ont pu commencer pour Delphine. À la lecture du dossier, elle apprend qu'elle s'appelait Valérie à la naissance. Je comprends à demi-mot, sans que Delphine ait vraiment besoin de l'exprimer clairement, qu'elle a été victime d'abus, lorsqu'elle était enfant, par son père adoptif. Elle ne détaillera en rien cette partie de l'histoire, lors de ce premier rendez-vous. Elle me demande si je peux l'aider, « simplement », à retrouver sa mère biologique. Simplement.

Delphine me propose de prendre le temps avant de m'engager dans cette enquête. Mais je ne crois pas avoir hésité une seule seconde. Évidemment que j'allais tout faire pour l'aider à reconstituer le puzzle de sa vie ! Si j'ai choisi ce métier, c'est exactement pour réaliser ce type d'investigations. Retracer les origines d'une personne, faire le lien entre des parents biologiques et des enfants qui ne se connaissent pas, que peut-on accomplir de plus impactant en tant qu'enquêteur ? Je suis intérieurement galvanisée par cette nouvelle mission sur laquelle j'ai envie de me mettre dans l'heure. Ce que je n'anticipe pas, à ce moment-là – et je crois que Delphine non plus –, c'est qu'il s'agit du premier pas d'un dossier qui va devenir tentaculaire, au fur et à mesure des années, et qui aura des conséquences que nous n'aurions jamais pu imaginer à cet instant, dans cet atelier, entourées de vases reconstruits et de tasses de café froid.

COMMENT FAIRE PARLER UNE VICTIME ?

Faire parler une victime est l'un des exercices les plus sensibles dans le cadre d'une enquête, qu'elle soit journalistique, judiciaire ou privée. Contrairement à l'idée reçue, il ne s'agit pas d'obtenir des aveux ou de forcer une confidence, mais de créer un climat propice à l'expression libre d'un récit souvent douloureux ou confus. Cette démarche requiert des compétences spécifiques, empruntées à la psychologie, à la criminologie, mais aussi aux techniques d'écoute développées par certains enquêteurs.

RECUEILLIR UNE PAROLE ET DES INFORMATIONS EXPLOITABLES

D'après Magali Ginet, autrice du livre *Les Clés de l'entretien avec le témoin ou la victime* (La Documentation française, 2003), l'objectif est double : permettre à la victime de s'exprimer dans un cadre sécurisant tout en recueillant des informations fiables et exploitables. Pour cela, il est essentiel de motiver le témoin en lui expliquant qu'il ou elle joue un rôle central dans la compréhension des faits, et que son témoignage peut contribuer à faire avancer l'enquête ou à rétablir une forme de justice.

La première étape consiste généralement à adopter une posture d'écoute active, en laissant la personne raconter librement ce qu'elle a vécu, sans l'interrompre, ni chercher immédiatement à structurer son récit. Les questions fermées sont à éviter en début d'entretien. Il est recommandé de privilégier les relances ouvertes, neutres et non directives du type : « Racontez-moi ce qui s'est passé. »

Un autre levier important est l'adaptation de l'attitude de l'enquêteur ou de l'intervieweur. Reformuler les propos entendus, reprendre la fin d'une phrase pour encourager la poursuite du récit, ou encore individualiser la relation en s'adressant à la personne par son prénom, voilà autant de moyens de renforcer l'alliance et de faire tomber certaines barrières émotionnelles. L'objectif est de permettre l'émergence de détails, souvent plus fiables lorsqu'ils viennent d'un rappel libre spontané que lorsqu'ils répondent à des questions précises.

UNE ÉCOUTE DE QUALITÉ REQUISE

Certains obstacles peuvent entraver le processus : anxiété, peur, autocensure, confusion. Il est alors conseillé de prévenir la personne qu'elle peut ressentir des émotions fortes en racontant les faits, et qu'elle peut interrompre l'échange à tout moment. Pour certaines victimes, notamment âgées ou très jeunes, le manque de confiance peut conduire à des réponses floues ou à des silences. Dans ce cas, poser quelques questions simples, valoriser les réponses apportées ou donner des signes d'écoute active (« hum », « oui », « je comprends ») peut aider à réinstaurer la confiance.

L'enquêteur ou le professionnel doit également éviter toute forme de jugement ou de contradiction immédiate, même en cas d'incohérence. Laisser la personne aller au bout de son récit est essentiel pour éviter qu'elle se replie ou qu'elle adapte son discours à ce qu'elle pense être attendu d'elle.

Enfin, pour surmonter les omissions ou les automatismes de narration, certaines techniques issues de la psychologie cognitive peuvent s'avérer utiles. Par exemple, demander à la personne de revenir sur les faits en allant de la fin vers le début permet souvent de contourner les gestes appris ou les récits déjà reconstruits, et de faire remonter des souvenirs plus bruts, parfois plus fiables. Cette approche repose moins sur la technicité des questions que sur la qualité du cadre et de la posture d'écoute. Dans les situations de vulnérabilité, l'authenticité de la relation prime la stratégie. Faire parler une victime, ce n'est pas obtenir une version parfaite, mais permettre à une parole de se dire, librement, et à son rythme.

Un appel téléphonique… et plusieurs vies bouleversées

Quelques semaines plus tard, après avoir réuni les pièces du dossier et signé le contrat de mandat avec Delphine, j'enquête autour des informations issues de son dossier d'adoption. La recherche des coordonnées de la mère biologique est relativement simple et rapide. Je fais appel, comme souvent quand je recherche une adresse, à une consœur spécialisée dans les recherches administratives. En quelques heures, elle m'informe qu'elle a retrouvé l'identité de la mère biologique – qui n'est pas morte, c'est la première bonne nouvelle. Elle a changé de nom puisqu'elle est désormais mariée et vit dans le nord de la France.

J'explique à Delphine que, comme pour tout dossier de recherche de personne, même dans ce cas précis où elle est la fille biologique, je suis tenue d'avoir l'autorisation de cette dame, avant de transmettre ses coordonnées. Je vais devoir l'appeler. Cette femme a abandonné son enfant il y a plus de quarante ans... il est permis de penser qu'elle ne va pas forcément apprécier ma démarche.

Je suis seule, chez moi, et je n'ai pas du tout envie de passer ce coup de téléphone. Je sais que mon appel va avoir l'effet d'une bombe dans la vie de cette femme ; que cette nouvelle soit positive ou négative pour elle, cela va la secouer. Je prends mon courage à deux mains, en pensant à Delphine qui attend des réponses, et j'appelle. Personne ne répond. Je laisse un message sur le répondeur. Je double mon message d'un texto. Le suspense va être très court : quelques minutes suffisent pour que la mère biologique me rappelle.

Je lui explique la situation : qui je suis, que j'ai été mandatée par une femme, Delphine B., adoptée il y a plus de quarante ans, qui vient d'entamer des recherches sur ses origines. Je lui donne le prénom et le nom de ma cliente, à sa naissance, avant d'être adoptée. Je finis ma tirade en lui expliquant que son nom figure dans le dossier de ma cliente, raison pour laquelle je suis entrée en contact avec elle aujourd'hui. Sa première réaction est de me demander pourquoi son nom apparaît dans le dossier, alors même qu'il s'agissait d'une adoption plénière. Je ne peux pas l'expliquer, c'est vrai qu'il n'aurait pas dû y figurer, mais le fait est qu'il y est. Elle me demande ensuite ce que je veux. Je lui explique que ma cliente ne cherche en aucun cas à retrouver une « maman » ou à renouer des liens avec elle pour l'avoir dans sa vie, mais qu'elle est plutôt en quête de réponses sur les circonstances de sa naissance. Je me fais son avocate en utilisant mes meilleurs arguments : il est plus que normal, pour une personne, de connaître ses origines et les circonstances dans lesquelles elle a été adoptée. Ces renseignements sont nécessaires pour sa construction. Bien évidemment, je ne fais aucune mention des actes pédophiles dont Delphine a été victime pendant son enfance. Je dois éviter de l'effrayer et de me retrouver face à un mur de silence.

Quand le passé se met à parler

Je la sens hésitante, mais elle commence, lentement, son récit. À l'époque, elle était hébergée dans un foyer spécialisé pour jeunes filles-mères. Elle avait déjà un petit garçon de deux ans, qui vivait à ses côtés. Elle a rencontré un jeune homme, ils ont eu une relation, et elle est tombée enceinte de nouveau. Quand je lui demande si elle connaît l'identité de ce jeune homme, elle ne répond rien. Elle m'indique le pays d'Afrique dont il était originaire. Elle précise que ce n'était pas une histoire sérieuse, et qu'après cela, elle ne l'a jamais revu. Incapable de subvenir aux besoins d'un deuxième enfant, n'arrivant déjà pas à s'occuper du premier et d'elle-même, elle a décidé de le faire adopter. Je continue de lui tirer les vers du nez en lui posant de nombreuses questions : elle donne très peu de détails précis et semble peser chaque mot.

Après l'accouchement, la sage-femme lui met l'enfant dans les bras. Elle est alors prise d'un doute : « Vous savez ce que c'est quand on pose le bébé sur votre ventre et que vous le ressentez. » Elle va réfléchir encore quelques semaines avant de finalement décider de manière ferme et définitive d'abandonner cet enfant. Elle dit qu'il était atteint de mucoviscidose. Un détail que l'on retrouve dans le dossier d'adoption.

Je lui demande si elle se rappelle un notaire qu'elle aurait rencontré et qui apparaît lui aussi dans le dossier. Ce détail nous a intriguées car il n'est pas du tout obligatoire d'entériner l'adoption auprès d'un notaire. La mère biologique me dit ne pas se souvenir de cette rencontre. Troublant. Elle me donne encore quelques détails, puis je sens que c'est pénible pour elle. Elle met fin, de manière abrupte, à la conversation. Je lui demande, avant la coupure, si elle accepte que je transmette ses coordonnées à ma mandante. Elle doit y réfléchir. Nous raccrochons. Le message a été transmis, j'ai le sentiment d'une mission accomplie et je pense naïvement que j'ai terminé ici mon devoir envers Delphine. Ce n'est pourtant que la première pierre d'un édifice de trente étages.

Je débriefe la conversation avec Delphine. Je la sens on ne peut plus sceptique. Elle a le sentiment que le récit de cette femme sonne faux. Cette histoire de mucoviscidose, notamment, la travaille car elle n'a jamais eu de problèmes de santé à ce niveau-là. Selon elle, c'est une maladie très grave et elle ne croit pas un seul instant à cette information. Aurait-on menti à cette jeune femme pour qu'elle délaisse son enfant malade ou bien est-ce un détail que la mère biologique aurait ajouté pour justifier son acte ? Delphine trouve aussi étrange qu'elle ne se souvienne pas du notaire. « Comment peut-on oublier ce type de rendez-vous ? Il y a bien son écriture et sa signature en bas du document. » D'ailleurs, elle était encore mineure, ce jour-là. Pourquoi n'était-elle pas représentée par son tuteur légal ?

Delphine me demande : « A-t-elle posé des questions sur moi ? Sur ce que je fais dans la vie ? Si j'ai eu des enfants moi-même ? » Rien, aucune question. Je tente d'expliquer ce désintérêt en discutant avec d'autres détectives privés qui travaillent régulièrement sur des affaires d'adoption. L'un d'eux me dira que souvent, quand une femme abandonne son bébé, c'est si violent qu'elle veut l'oublier. S'intéresser à ce qu'il est devenu, c'est une manière de le faire exister et donc de la rappeler à son geste, de la mettre face à ses responsabilités. Delphine n'en démord pas. Elle est même très en colère. Elle me dit que c'est impossible que cette femme, si elle l'a portée pendant neuf mois, n'ait pas plus de curiosité que cela. « Tu ne peux pas comprendre, toi, tu n'es pas mère. »

Malgré tout le professionnalisme que j'essaie de conserver, je ne peux m'empêcher d'être blessée par sa remarque. À cette époque, j'ai 35 ans et toujours pas d'enfant. Bien sûr, c'est une question qui me travaille, comme beaucoup de femmes de cet âge. Mais je sais que sa colère n'est pas dirigée contre moi et aujourd'hui, étant maman, je comprends ce qu'elle a voulu dire. Delphine est persuadée que cette dame, celle que j'ai eue au téléphone, n'est pas sa mère. Est-elle dans le déni face à une femme qu'elle ne considère pas à la hauteur ? Sa déception est incommensurable. Je lui laisse le temps de digérer toutes ces nouvelles informations. Je garde en tête qu'elle vient d'apprendre que sa mère biologique a eu un autre enfant, avant elle. Un enfant qu'elle a gardé, visiblement. Elle se décide alors à me parler du « second volet » de son histoire, pour que je comprenne mieux les raisons de sa colère. Le père adoptif de Delphine l'a non seulement violée mais aussi mise entre les mains de ses amis pédophiles qui ont commis sur elle des viols et des agressions sexuelles, entre 4 ans et 13 ans. Lors de certains actes, d'autres enfants étaient présents et victimes de ces atrocités.

Un réseau loin d'être dans l'ombre puisqu'il s'agit d'hommes de l'intelligentsia parisienne : un écrivain, un académicien, un avocat, un banquier, un architecte... Elle me donne leurs noms. Je n'en connais qu'un seul, mais je regarde les métiers et statuts des autres et tombe des nues. J'avais déjà entendu parler de « réseaux pédophiles » établis par des personnalités à la tête de grands médias par exemple, mais je pensais que cela relevait du complotisme. Je suis abasourdie, mais ces nouveaux faits m'aident à mieux comprendre la situation et les réactions de Delphine, sceptique face au récit édulcoré de sa mère biologique. Quelques semaines plus tard, cette dernière m'envoie un texto : elle accepte que Delphine la contacte.

Une réelle implication émotionnelle

Je poursuis mes autres enquêtes de terrain mais cette affaire, la question que se pose Delphine sur cette femme qui apparaît dans son dossier d'adoption, va être au cœur de mes pensées pendant de longs mois. J'échange quotidiennement avec Delphine pour faire avancer les recherches. On retrouve le cabinet qui a hérité des archives du fameux notaire apparaissant sur le document d'adoption. J'obtiens aussi, via les archives des tribunaux, le jugement d'adoption de Delphine. En marge du document, est inscrit à la main le nom d'un avocat : « Consulté en 2000 par M^{e} XXX ». Cette inscription fait bondir Delphine. Et pour cause : cet avocat fait partie de la liste des agresseurs qui auraient participé aux pires atrocités dans son enfance. Pourquoi l'un de ces agresseurs présumés a-t-il consulté son jugement d'adoption ? Et pourquoi en 2000 ? Dans le fond, ce que veut savoir Delphine, plus que tout : est-ce que son adoption a été organisée dans le but de la livrer à ce réseau ?

Dès le début, ma relation avec Delphine a été bien au-delà de la simple relation client. Bien sûr qu'il y a de l'affect dans ce dossier. Qui peut travailler sur ces questions sans être touché ? La difficulté se situe rapidement dans ma capacité à poser des limites, car ces recherches sont sans fin. Dans mon métier de détective privé, ce qui peut apparaître comme un défaut dans une entreprise lambda, devient ici une qualité. Quand j'étais salariée, une phrase est souvent revenue : « Tu prends trop les choses à cœur. » L'implication que j'avais dans mes articles, mes enquêtes, gênait. Pourtant, si j'ai été redoutablement efficace, dans mon enquête pour Delphine, c'est bien parce que j'étais émotionnellement investie. Ma facette obsessionnelle, qui peut rendre un collègue ou un patron fou, devient l'une de mes plus grandes qualités de détective privée. Le revers d'une telle implication est de ne plus parvenir à distinguer les éléments importants pour l'enquête, ni à stopper les demandes qui n'ont parfois pas d'intérêt pour l'avancement des investigations. Et comme une telle implication n'est pas gérable sur le long terme, il faut ensuite prendre de la distance, et c'est parfois mal reçu. J'ai déjà entendu des clients me dire, vexés : « Ça ne vous intéresse plus, mon histoire ? » Alors que j'avais fait tout mon possible pendant trois ans. Il faut alors expliquer que le maximum a été engagé, de mon côté, et que la suite ne dépend pas que de moi. Ralentir ou arrêter une enquête, dans des cas de disparition ou d'abus de faiblesse, c'est très frustrant pour tout le monde.

Avec Delphine, nous nous sommes rendues ensemble dans le nord pour visiter le fameux foyer pour filles-mères où avait séjourné la mère biologique. Une visite qui a été extrêmement émouvante pour ma cliente puisqu'elle savait que c'était ici que son destin s'était noué. Nous avons pu consulter le registre des entrées et des sorties et noter les dates exactes du séjour de la mère. Elle est restée trois ans dans ce foyer.

Le but était de confronter des faits à un récit auquel nous croyions de moins en moins. Il y avait trop d'incohérences, trop de flou pour ne pas soupçonner que la mère nous cachait quelque chose. Nous apprenons aussi que cette femme a eu un troisième enfant, plus tard, avec son mari. Une fille qui a aujourd'hui 25 ans.

Delphine décide d'aller sonner à l'adresse de sa mère, qu'elle a récupérée le plus simplement du monde sur les pages blanches. Elle n'a pas prévenu de sa venue. La mère n'est pas là et c'est son mari qui ouvre la porte. Delphine ne lui dit pas qui elle est. Elle ne sait pas si le mari est au courant du passé de son épouse. Plus tard, elle va rencontrer sa mère biologique à plusieurs reprises. D'abord dans un café, puis de manière plus officielle, dans le bureau d'un avocat. Delphine obtiendra que cette femme, qu'elle considère encore comme une inconnue, se prête à un test ADN pour vérifier leur lien de filiation. Le test est concluant et met fin à toute ambiguïté : cette femme, dont les versions pour l'abandon de son bébé changent à chaque fois qu'elle en fait le récit, est bien sa mère. Il va falloir composer avec.

Il y aura d'autres rencontres bouleversantes pour ma cliente. Sur Facebook, je cherche d'autres personnes qui auraient pu constater des anomalies dans leur dossier d'adoption et qui ont aussi été abusées dans leur enfance. Je tombe sur les posts virulents d'une femme d'environ 40 ans, que nous appellerons Céline. Celle-ci est très différente de Delphine dans le sens où elle n'a pas reçu la même éducation, elle s'exprime avec des mots plus vulgaires, plus crus. Et surtout, elle a dénoncé très tôt les attouchements et différents sévices qu'elle a subis petite de la part des membres de sa famille adoptive et de leurs amis. Elle aussi a été victime d'un réseau. Face à ses dénonciations, sa famille lui a tourné le dos. On l'a traitée de folle et elle est tombée dans diverses addictions. Je la contacte et lui explique le cadre de mon enquête. Elle accepte aussitôt de parler avec Delphine. Un lien très fort s'établit entre ces deux femmes qui semblent si différentes mais ont tant en commun. Malheureusement, Céline décède quelques mois plus tard, d'un arrêt cardiaque. Les pompiers n'ont pas pu arriver à temps pour la sauver.

Delphine n'est pas quelqu'un qui cherche la vengeance. Au fond, elle sait que son cas n'est pas réparable, et les faits étant prescrits, elle ne pourra pas avoir gain de cause. Tout ce qu'elle entreprend par la suite, elle le fait pour sauver d'autres enfants d'éventuels trafics du même genre et modifier les lois qui prescrivent des actes qui ne devraient jamais l'être. Je sens que le deuxième volet, celui du réseau pédophile, nécessite d'être creusé davantage et qu'il faut plus qu'une simple détective privée aux côtés de Delphine. Nous avons besoin de renfort, et surtout de quelqu'un qui pourra défendre ce dossier colossal devant la justice. Quelqu'un qui n'aura pas peur d'affronter un confrère : l'avocat dont le nom apparaît sur le jugement d'adoption de Delphine, qui serait aussi l'un de ses agresseurs présumés, est un homme extrêmement influent dans le milieu du barreau. Un homme respecté par les puissants de ce monde. Nous devons trouver un avocat qui pourra lui faire face, qui aura les épaules pour ce dossier sensible et qui saura recueillir la parole de Delphine. Bref, je me mets en quête de l'avocat parfait : le pot de terre prêt à lutter contre le pot de fer.

Le passage de relais d'une enquête colossale

En France, les journalistes qui traitent le sujet des réseaux pédophiles se comptent sur les doigts d'une main. Au cours de mes recherches, je tombe sur un documentaire sur le thème de la pédocriminalité. Dans ce film, une avocate est interviewée, Sophie. En la googlisant, je vois qu'elle est aussi avocate d'une association de protection de l'enfance. Mon instinct me dit que cette femme va nous aider. Delphine prend un rendez-vous avec elle, je l'accompagne à sa demande. Premièrement, pour la soutenir parce que c'est une étape importante pour elle, mais aussi pour expliquer le contenu du dossier avec les preuves que nous avons réunies pour le moment, sur le volet « adoption ». La rencontre est forte en émotion pour ma cliente qui est obligée de répondre précisément aux questions que pose la professionnelle du droit : elle a besoin de faits concrets, de noms, de preuves, pour avoir une vision globale de l'affaire.

Sophie devient l'avocate de Delphine. Pendant quelques mois, nous allons travailler toutes les trois, main dans la main, pour faire avancer l'enquête. Sophie va droit au but et identifie rapidement les éléments dont nous avons besoin pour qu'une procédure au pénal puisse avoir lieu. Je continue à creuser dans la recherche d'archives pour tenter d'établir la liste de toutes les personnes qui ont eu de près ou de loin une responsabilité dans l'adoption de Delphine. Aux Archives de Paris, je suis la piste de la pouponnière où Delphine a séjourné quelques semaines, avant son adoption. Il y a aussi la famille du père biologique, dont on a retrouvé la piste sur Facebook, après un test ADN concluant réalisé sur une plateforme américaine proposant des tests d'ascendance. Delphine échangera, par la suite, avec plusieurs membres de cette famille. Mais les réponses qu'elle voudra réellement obtenir, elle ne les aura pas. Quelle a été la nature de la relation entre ce père ivoirien et la mère biologique de Delphine ? Dans le foyer pour jeunes filles, on nous a avoué à demi-mot que beaucoup d'entre elles se livraient à la prostitution. Était-ce une relation tarifée ? Une simple amourette éphémère ? Finalement, pour éviter de complexifier le dossier, Delphine va cesser de creuser de ce côté-là. Elle préfère réserver son énergie à des pistes plus « exploitables » pour la plainte en préparation.

D'autres portes resteront fermées. Certaines prétendues victimes de ce réseau, que nous avons sollicitées, n'ont jamais répondu.

Deux ans après le début de l'enquête, mon quotidien est chamboulé par l'arrivée de ma première fille. Delphine, mère de deux enfants, se réjouit sincèrement de cette heureuse nouvelle. Je poursuis les recherches, par le biais d'Internet, comme je le peux. Dans une période aussi féerique que la naissance d'un premier bébé, cette enquête m'accompagne étrangement. C'est une période où l'on rêve de fermer ses écoutilles au monde extérieur et d'oublier les prédateurs qui prennent les enfants pour de la marchandise. Mais il m'est impossible de lâcher Delphine. C'est un moment crucial de sa vie, un véritable tournant. J'essaie tant bien que mal de continuer à l'aider comme je le peux, même si j'ai conscience que ma dynamique est différente.

En décembre 2023, Delphine est reçue par l'Ofmin (Office des mineurs) pour audition et dépôt de plainte. Quelques jours après, elle m'invite à prendre un café chez elle. Elle veut que je lise la plainte. Je me rends compte que malgré tout ce temps passé ensemble, je ne lui ai jamais demandé les détails de ce qu'elle a subi. Je n'en avais pas besoin pour enquêter. Je savais qu'elle avait fourni tous ces détails à son avocate lors d'entretiens qui avaient duré des heures. Delphine est quelqu'un d'extrêmement pudique et je n'ai jamais voulu la bousculer. Ce n'était pas mon rôle.

L'audition a duré sept heures. Le dépôt de plainte détaille deux séries d'événements : des faits commis par un groupe d'hommes sur plusieurs enfants en même temps ; des viols commis par deux proches du père adoptif – un grand patron de presse aujourd'hui décédé, et un écrivain dont le penchant pour les enfants n'est plus contesté par personne. Les premiers crimes ont commencé en 1977 : ils réunissaient autant d'adultes que d'enfants. Les hommes faisaient boire aux enfants « une boisson blanchâtre qui donnait une impression d'ivresse, comme si on flottait ; mais surtout, ça faisait mal au cœur », explique Delphine dans la plainte. Les enfants devaient enlever leurs vêtements, seulement le bas. Les agresseurs avaient « le visage masqué, avec sur eux une sorte de cape ou de manteau ». Les enfants étaient ensuite violés avec des objets métalliques : « Ils les utilisaient pour tester la résistance à la douleur de nos endroits intimes. » Ces « jeux » vont perdurer jusqu'en 1981.

D'autres pratiques commencent alors ; Delphine était présentée à des hommes, dans une pièce, en pyjama et robe de chambre, et devait répondre à des questions anodines : « Qu'aimes-tu à l'école ? », « Qu'as-tu fait aujourd'hui ? » Puis les hommes quittaient la pièce. Il y a ensuite les viols perpétrés individuellement jusqu'en 1987 par deux amis de son père adoptif, de manière plus ou moins régulière. Delphine, alors petite fille, était parfois invitée par l'écrivain au restaurant, avant d'être abusée.

Je lis tout cela d'une traite et lui rends la feuille, la gorge serrée, m'efforçant de toutes mes forces de ne pas ajouter d'émotions déplacées. Nous changeons de sujet.

Le début de la procédure sera marqué par un article qui va faire grand bruit dans le quotidien *Libération* : un excellent journaliste s'est emparé du sujet depuis plusieurs mois. Il livre une enquête tellement imposante qu'elle sera publiée en plusieurs épisodes, pendant une semaine. Le temps de digérer la bombe de chaque volet, certainement. Tout au long des articles, Delphine témoigne à visage découvert, avec une abnégation qui force l'admiration. Quasiment tous les auteurs des crimes commis sur Delphine sont nommés, toutes ces personnalités dont la plupart sont mortes. Ceux qui sont encore vivants soit n'ont jamais répondu au journaliste, soit nient entièrement les faits qui leur sont reprochés.

Quelques mois plus tard, une autre nouvelle tombe, et pas des moindres : face au scandale suscité, l'organisme qui avait géré l'adoption de Delphine, l'un des plus anciens organismes privés habilités, existant depuis 1946, annonce fermer ses portes, sans grande explication. *Le Figaro* publie un article visant à laver la réputation de l'une des personnalités visées ; *Libération* réplique en apportant de nouveaux éléments de preuve, notamment des extraits des agendas de ces personnalités prouvant qu'elles étaient intimes.

Avant cette affaire, je n'avais pas spécialement réfléchi à la question de l'adoption. Si des parents désiraient un enfant, et que de l'autre côté des enfants étaient abandonnés, en quoi était-ce mal de les réunir ? Maintenant, je vois les choses différemment. Comment protège-t-on les enfants une fois qu'ils sont accueillis dans leur nouvelle famille ? Veille-t-on même à leur avenir ?

DES ARTICLES DE PRESSE QUI EN DISENT LONG

Si tous les noms cités dans ce livre ont été changés afin d'anonymiser les dossiers, celui-ci étant particulièrement reconnaissable et ayant été dévoilé dans la presse, voici les articles qui vous permettront d'en apprendre davantage sur l'affaire dont il est question.

PARUTIONS DANS *LIBÉRATION*, SOUS LA PLUME DE WILLY LE DEVIN, JUIN 2024

- « Les hommes de la rue du Bac (1/6) : comment une "bande" pédocriminelle a sévi pendant des années au cœur de Paris »
- « Les hommes de la rue du Bac (2/6) : aux origines de l'adoption de la jeune Inès Chatin, une procédure nébuleuse et une "entremetteuse" »
- « Les hommes de la rue du Bac (3/6) : pour Inès Chatin, dix ans de violences sexuelles et des décennies de silence »
- « Les hommes de la rue du Bac (4/6) : les influentes amitiés de la bande de Jean-François Lemaire »
- « Les hommes de la rue du Bac (5/6) : "Le responsable, c'est le gosse au départ", les aveux du docteur Lemaire »
- « Les hommes de la rue du Bac (6/6) : le long parcours d'Inès Chatin "sur le chemin de la parole" »

PARUTION DANS *LIBÉRATION*, JANVIER 2025

« Les hommes de la rue du Bac : la piste d'un trafic d'enfants »

PARUTION DANS *LIBÉRATION*, FÉVRIER 2025

« L'organisme La Famille adoptive française, soupçonné de trafic d'enfants dans les années 60, annonce sa fermeture »

PARUTION DANS *LE FIGARO*, MARS 2025

« Affaire pédocriminelle de "la rue du Bac" : contre-enquête sur l'accusation visant Jean-François Revel »

PARUTION DANS *LIBÉRATION*, AVRIL 2025

« Les hommes de la rue du Bac : les éléments qui permettent à *Libération* de mettre en cause Jean-François Revel »

PARUTION DANS *LE FIGARO*, AVRIL 2025

« Affaire pédocriminelle de "la rue du Bac" : la réponse des enfants de Jean-François Revel à *Libération* »

PARUTION DANS *LA TRIBUNE*, 25 MAI 2025

« Les enfances brisées de Saint-Germain-des-Prés »

Trois femmes accusent d'inceste leurs pères respectifs, des hommes puissants issus du même cercle. Dans une tribune, elles dénoncent l'omerta de la société.

LA LOI VIGNAL : CHANGER DE NOM POUR SE RECONSTRUIRE

La loi du 2 mars 2022 relative au choix du nom issu de la filiation, appelée aussi « loi Vignal », permet à toute personne majeure, une fois dans sa vie, d'accéder à une procédure simplifiée pour changer de nom. Il lui est alors possible de prendre le nom du père, celui de la mère ou encore leurs deux noms accolés dans l'ordre souhaité. Ce changement de nom s'effectue désormais par simple demande en mairie, sans justification à donner.

Les changements de nom de famille ont triplé depuis l'entrée en vigueur de la loi : 144 100 personnes ont changé de nom entre août 2022 et décembre 2023, selon l'INSEE. La majorité du temps, les demandeurs remplacent un nom par un autre. 50 % des adultes qui changent leur nom ont moins de 30 ans. Plus de femmes que d'hommes entreprennent cette démarche.

Cette loi a, entre autres, permis à des personnes de rompre avec le nom du père, après avoir subi pendant leur enfance de la maltraitance, des abus, de l'abandon ou de l'inceste.

Chapitre 5

« Si un jour tu vas voir ailleurs... »

Géraldine se présente, par téléphone : elle a la trentaine et est mariée depuis un an ; le couple a un garçon en bas âge. Elle soupçonne son compagnon de la tromper. Comme de nombreux clients dans ce cas, elle a déjà un grand nombre d'informations sur l'identité de la maîtresse potentielle, les occasions où ils ont pu développer leur relation, les moments où ils se voient… Elle cherche une confirmation, car c'est une chose d'avoir des soupçons, et c'en est une autre d'en avoir la preuve. La réponse lui permettra de savoir si elle lance ou non la procédure de divorce. Il n'est pas dit qu'elle demande un divorce pour faute, ce n'est pas vraiment son objectif, elle veut surtout savoir si elle peut faire confiance à cet homme qu'elle connaît depuis dix ans.

« Juste pour savoir... »

Géraldine est une femme indépendante de 33 ans, qui a une carrière professionnelle épanouie, bobo parisienne vivant dans les quartiers rive droite. On parle le même langage : Géraldine pourrait être une copine. Son mari, un dirigeant de start-up, a le même âge. Sur leurs comptes Instagram respectifs, je regarde leurs photos de mariage, de vacances à la plage... Un couple qui semble heureux. Dans la vie réelle, le bateau est en train de couler. Monsieur aurait une histoire avec l'une de ses employées : une jeune femme de 25 ans. Les clichés ont la vie dure.

Je propose d'organiser une filature, un jour pressenti par sa femme comme étant « suspect » : son mari lui a dit qu'il avait une réunion de travail qui risquait de finir tard, ce mardi. Banco ! J'embarque avec moi une détective motarde, avec laquelle je travaille régulièrement, car nous ne savons pas comment notre cible va se déplacer dans la soirée. À Paris, l'idéal pour une filature, c'est le duo « moto + voiture » : la moto peut suivre les taxis s'ils prennent des voies réservées et la voiture permet une plus grande discrétion pour effectuer de longues surveillances devant les lieux où la cible va s'arrêter. Nous surveillons, donc, la sortie du travail du mari, ce mardi en fin d'après-midi.

Aux alentours de 18 h 30, il sort, accompagné de la prétendue maîtresse, dont nous avons récolté quelques photos sur le site de l'entreprise et les réseaux sociaux. Ils se rendent dans un bar à quinze minutes de marche. Ils rejoignent un groupe de collègues. Nous veillons, avec ma consœur assise à la terrasse du bar d'en face, au moindre geste affectueux entre les deux. Ils semblent fêter l'anniversaire d'un membre de la société, mais ils sont rejoints par quelques personnes que ma cliente identifie rapidement comme étant des amis de son mari. Elle aussi les connaît très bien.

Aux alentours de 22 heures, l'alcool aidant, le doute n'est plus permis. J'aperçois monsieur prendre dans ses bras la jeune femme, et l'embrasser, sans retenue. La scène se reproduit à plusieurs reprises, et je profite de leur venue sur la terrasse pour réaliser quelques clichés. Je fais part rapidement de mes constatations à ma cliente. Je la sens bouleversée, même si dans le fond, c'est ce à quoi elle s'attendait. Elle conservait, malgré tout, un léger espoir, celui d'avoir été « parano », de s'être monté la tête. Je lui explique que je dispose de photos sans ambiguïté, que j'enverrai à son avocate pour la procédure. La sentant très perturbée, je lui dis qu'elle n'est pas obligée de voir les photos du couple qui s'enlace amoureusement, tendrement. Leur baiser est romantique. Je sais, dans mon cœur de femme, qu'elles vont avoir un effet dévastateur sur ma cliente. Géraldine voulait juste une réponse. Elle n'a pas besoin de se torturer avec des images qui resteront à jamais gravées dans sa mémoire. Elle n'insiste pas, se sent déjà suffisamment abattue.

Géraldine est anéantie par la trahison de son mari, mais elle est aussi très affectée par le fait que tous ses amis ont été témoins de la scène. Elle vient de comprendre que son mari ne se cache pas, depuis peut-être plusieurs mois, devant leurs amis en commun. Personne n'a trouvé opportun de lui en parler. Elle se sent doublement trompée et honteuse d'avoir été humiliée aux yeux de tous. La soirée s'est poursuivie par un dîner en petit comité dans un restaurant. Puis le couple illégitime s'est séparé, chacun repartant dans un taxi différent. Le mari est rentré chez lui, auprès de sa femme.

J'envoie mon rapport d'enquête à l'avocate de Géraldine. Comme prévu, elle ne demande pas de divorce pour faute, mais souhaite que les choses se fassent au plus vite. Elle se laisse quand même la possibilité d'utiliser les preuves récoltées pour faire pression, si d'aventure son mari ne se montrait pas honnête au cours de la séparation et demandait des choses incongrues.

Le couple a su mettre un terme à son mariage, sans trop de déchirements juridiques. Géraldine n'a jamais utilisé le rapport d'enquête, mais elle a dû en parler autour d'elle. Depuis, mon nom circule sur un forum de mamans et je reçois régulièrement des appels de femmes dans la même situation, qui veulent le plus souvent « juste savoir » pour prendre la bonne décision et faire le choix, ou non, de redonner une chance à leur couple.

Pour la paix des ménages !

Il arrive que nos clients cherchent des réponses pour se rassurer, ôter un doute et repartir plus forts dans leur couple. Ils veulent croire en leur histoire d'amour et nous contactent presque comme s'ils faisaient appel à un thérapeute conjugal. Un homme d'une soixantaine d'années, par exemple, m'a demandé de suivre sa femme alors qu'elle était en déplacement professionnel dans la capitale. Suivie depuis la gare, sa femme s'était bien rendue directement sur le lieu de travail où elle assistait à un séminaire. Nous avions prévu d'intervenir également pour des surveillances le soir, après l'événement, pour savoir si elle en profitait pour voir quelqu'un.

Le mari m'avait appelée à la mi-journée pour m'expliquer qu'il avait eu, la veille du départ de sa femme, une grande conversation avec elle. Elle avait avoué avoir eu, quelques mois plus tôt, des échanges ambigus avec un autre homme, sur un réseau social. Elle avait entretenu cette relation virtuelle pendant quelque temps mais lui avait juré qu'il ne s'était « rien passé » car ils ne s'étaient jamais vus. Mon client, même si j'aurais pu continuer de suivre sa femme pour lever totalement le doute, a finalement préféré stopper la surveillance. « Je pense que nous traversons une crise et c'est normal, après vingt ans de mariage. Mais je veux lui faire confiance et penser que nous allons pouvoir dépasser cette épreuve, en bonne intelligence. » Je ne sais pas s'il craignait d'avoir une mauvaise surprise, ou s'il pensait que le fait de faire suivre sa femme était irrespectueux par rapport au lien de confiance qu'ils essayaient de conserver, je n'ai évidemment pas insisté, l'incitant même à continuer dans cette voie.

Quant à moi, je n'aime pas les conflits de couple. Difficile à croire venant d'une détective privée, et pourtant c'est la vérité : je suis pour la paix des ménages ! La chose contre laquelle je me bats n'est pas le mariage, mais le mensonge quand il est imposé à quelqu'un et l'empêche d'avoir un avis libre et éclairé. Mais je comprends aussi les gens qui préfèrent ne rien savoir ! Il y a des couples qui se disent : « Si tu vas voir ailleurs, surtout ne me le dis jamais. »

L'infidélité est le reflet d'un problème de couple : c'est soit le déclic pour comprendre qu'il n'y a plus d'amour et que l'un des deux attend juste une « opportunité » pour partir ; soit le signe que certains besoins ne sont plus satisfaits. On va donc les chercher ailleurs : le besoin de se rassurer, de se sentir désiré, d'être vu sans ses défauts par une ou un inconnu... Les couples ne finissent pas forcément par se séparer après avoir constaté une relation extraconjugale. Cela peut être l'occasion de forcer une conversation qui n'était pas possible tant que le partenaire n'avouait pas son infidélité…

Briseuse de couples ?

De mauvaises langues me demandent parfois si cela ne me dérange pas de « casser des couples », de « briser des familles ». Bizarrement, alors que j'ai une forte tendance à culpabiliser pour beaucoup de choses dans ma vie, je n'ai absolument aucun sentiment de responsabilité sur ce débat. La plupart des gens ne veulent pas savoir si leur partenaire les trompe, parce que leur vie de famille leur convient, ou bien parce que la religion interdit le divorce, ou encore parce qu'ils ont peur de ce que pourrait penser l'entourage… Je ne travaille pas pour eux. Je n'interviens que pour ceux qui ont besoin de savoir et à qui l'on cache la vérité. J'estime qu'ils y ont droit, devant la loi, mais aussi moralement, quand ils sont engagés avec une personne qui leur a promis fidélité. Leur apporter une réponse, à travers mes interventions, est un simple moyen de combler techniquement une chose à laquelle ils ne peuvent accéder seuls. J'ai le sentiment de leur rendre service. Je suis consciente que le problème vient de l'action litigieuse et non du messager qui apporte la mauvaise nouvelle.

Quand le conflit s'envenime, il peut se produire de féroces batailles, à l'image du film *La Guerre des Rose*. Il est cocasse par exemple que l'on me demande de suivre un mari infidèle, alors que, quelques mois auparavant, celui-ci avait découvert que sa femme avait un amant. C'est un couple qui, dans les faits, ne s'aime plus depuis longtemps. Chacun, de son côté, a refait sa vie sans le dire officiellement. Ils ont tous deux des relations depuis plusieurs années. Le mari a, un jour, commencé à rassembler des preuves en fouillant le téléphone de son épouse, dans l'optique de lancer la procédure de divorce. Son épouse l'a surpris : elle ne compte pas assumer seule un divorce pour faute, alors qu'elle sait pertinemment que son mari est dans la même situation. Elle a donc engagé une détective privée pour remettre, comme on dit, la balle au centre. Si divorce pour faute il y a, ce sera aux torts partagés. Il n'est ici plus question de sentiments, de trahison ou même d'amour : chacun veut savoir à qui l'on donnera raison dans le jugement officialisant le divorce.

Dans une autre affaire, je suivais le mari volage, qui était au volant de sa voiture, avec quelques grammes d'alcool dans le sang, comme à son habitude. Le couple était séparé, et l'épouse en serait bien restée là si son mari n'était pas allé fanfaronner sous l'œil des photographes, lors d'un événement mondain, au bras de sa nouvelle conquête. Au cours de la filature, le mari a été arrêté par des gendarmes. Sa sublime voiture de collection a été embarquée par la fourrière. Les agents de terrain que j'avais envoyés ce jour-là ont photographié chaque étape de cette immobilisation du véhicule. Je me souviens qu'au téléphone, la cliente était euphorique de le savoir dans cette situation : « C'est mieux qu'une thérapie, votre truc ! »

On me demande régulièrement si, quitte à choisir, je ne préfère pas m'occuper d'autre chose que des affaires d'adultère. Si finalement, ce ne sont pas des missions dites « alimentaires ». Quand je me suis lancée en tant que détective privée, à mes débuts, je n'avais en effet pas pour ambition de faire de l'adultère mon gagne-pain. Mais je dois constater, avec quelques années d'expérience, que ce sont finalement des enquêtes très agréables à réaliser. Il faut bien comprendre que l'on vit au rythme de nos cibles. Alors, je préfère mille fois suivre un petit couple qui va s'encanailler au bord de la mer, le temps d'un week-end en Normandie, plutôt que de suivre un chef de chantier qui quitte son domicile à 4 heures du matin et reste toute la journée dans une zone industrielle. J'ai passé des week-ends entiers, en mission, rythmés par des balades au bord de la mer, des pauses déjeuner, du shopping en ville, une crêpe ou une glace dans un lieu avec une jolie vue... Vraiment pas de quoi se plaindre ! D'autant qu'il n'y a pas plus inattentif qu'un couple en pleine période de séduction. Plus rien n'existe autour d'eux ! Alors dire que je suis lasse de ce type d'affaires ou les mépriser serait mentir. Je ne crache pas dans la soupe qui me nourrit quotidiennement.

Chapitre 6

Cherche âme désespérée perdue en forêt

Lors de ma formation initiale de détective privée, j'ai suivi un cours sur les disparitions de personnes. Comme beaucoup d'entre nous, je suis fascinée par les histoires de gens qui disparaissent, le mystère non élucidé de ceux dont on n'a jamais retrouvé la trace. Quand on démarre une reconversion dans ce drôle de métier, on arrive chacun avec son imaginaire sur le personnage du détective privé, le plus souvent inspiré de la fiction.

L'image idéalisée du détective privé

Personnellement, j'avais en tête plusieurs figures fictives. La première : Kalinda Sharma, dans la série *The Good Wife* – une enquêtrice mystérieuse travaillant dans un prestigieux cabinet d'avocats. Je pensais qu'il était possible de devenir détective privée et de me faire engager, comme elle, pour enquêter sur les dossiers des avocats et les aider à préparer leur stratégie. J'avais même profité d'un rendez-vous avec l'un d'eux pour demander si c'était une pratique courante. L'avocat m'avait rapidement remis les pieds sur terre : si les cabinets font parfois appel à des enquêteurs privés, ils ne les engagent pas directement, cela reste de la collaboration occasionnelle.

Autre image cliché : Jessica Jones, dans la série éponyme. J'ai regardé l'intégralité des trois saisons consacrées à ce personnage de l'univers Marvel. Hantée par des traumatismes du passé, notamment une relation d'emprise, Jessica Jones ouvre un cabinet de détective privée à New York. Cynique et dépressive, elle a aussi un penchant pour l'alcool et l'autodestruction. Une vraie anti-héroïne comme on les aime.

Encore une figure mythique, selon moi, du détective privé : le couple d'enquêteurs du film *Gone Baby Gone*, sorti en 2007. Réalisé par Ben Affleck, il est tiré du polar d'un auteur que j'affectionne tout particulièrement : Dennis Lehane (à qui l'on doit notamment le célèbre *Mystic River*). *Gone Baby Gone* raconte l'histoire d'un couple de détectives privés engagés pour enquêter sur la disparition d'une petite fille dans un quartier populaire de Boston. S'ils ne sont pas des professionnels aguerris, ils sont choisis parce qu'ils connaissent très bien le coin où a eu lieu la disparition et qu'ils sont assez proches de la population. Ils sont l'image par excellence de la droiture, de la morale et du détective qui ne lâche jamais l'affaire. Si j'avais eu une baguette magique, j'aurais aimé, dès le début, me spécialiser dans les affaires de disparition. Les choses ne se sont pas du tout passées ainsi...

À l'école, le cours sur ce thème avait confirmé mon envie. Il était dispensé par un ancien policier devenu détective privé. Le genre de personnage très sympathique, au fort caractère, et pas avare d'anecdotes sur toutes les affaires qu'il avait traitées dans sa carrière, notamment ses contre-enquêtes pénales. Pour commencer, il nous avait dressé le cadre légal des disparitions : celles de majeurs ou de mineurs ; inquiétantes ou non inquiétantes ; la fin des RIF (recherches dans l'intérêt des familles)... Puis il nous avait présenté l'ARPD (Assistance et recherche de personnes disparues), une association créée en 2003 qui a pour objectif d'accompagner les proches de disparus et d'enquêter dans toute la France, forte d'un réseau de près de 500 bénévoles. J'avais gardé cette association dans un coin de ma tête et je m'étais dit qu'une fois que j'aurais un peu de bouteille, je lui proposerais de lui accorder un peu de mon temps.

Le professeur-détective n'avait pas enjolivé ce type d'enquête. Il nous avait prévenus : ce sont des investigations « ingrates ». « Vous allez y passer des heures et des heures, la plupart du temps sans aucun résultat. Vous allez faire face à des familles frustrées et inconsolables. Ce sont des enquêtes très difficiles. Absolument pas rémunératrices. » J'avais apprécié sa sincérité.

Lorsque ma première cliente en la matière s'est présentée (Charlotte, dont il est question au chapitre 3), j'ai cru à ce moment-là que ma carrière de détective privée spécialisée dans les disparitions était lancée. Pourtant, les années qui ont suivi ont été remplies de tout sauf de ce type d'enquêtes. Les personnes qui m'ont contactée pour chercher un proche disparu se comptent sur les doigts des deux mains. Celles pour qui j'ai effectivement fait des recherches sont encore plus rares. Je fais ici une distinction entre les vraies disparitions (la personne s'est évaporée dans la nature) et les recherches de personnes (retrouver une vieille connaissance, un amour de jeunesse, tonton Roger, un débiteur, etc.) qui, elles, sont très courantes.

Pourtant, les chiffres sont là : chaque année, près de 70 000 personnes disparaissent en France, dont 50 000 sont des mineurs. Pourquoi les détectives privés ne sont-ils pas plus souvent sollicités ? Est-ce parce que les proches n'y pensent pas ? N'y voient pas d'intérêt si une enquête policière est déjà en cours ? Est-ce une question d'argent ? Le côté soudain d'une vraie disparition, la part de mystère qui l'entoure et son impact destructeur sur la vie des proches me donnent envie de poursuivre dans cette voie, même si cela s'avère plus compliqué que prévu.

En 2023, je décide de suivre mon plan : je contacte l'ARPD et propose ma candidature en tant qu'enquêtrice bénévole. J'intègre rapidement le groupe de bénévoles de ma région et suis la formation dédiée aux enquêteurs de l'association. On nous présente les objectifs de l'association et je comprends que la part d'accompagnement des familles, qui vivent ce drame, est plus importante encore que la part d'investigation. Je sens ce réseau très humain mais aussi très organisé pour une grande efficacité. On nous détaille le déroulé d'une enquête type : comment recueillir les informations auprès des familles ?

L'important est de tenir celle du disparu informée de nos démarches et de ne pas hésiter à l'inclure dans les recherches, si jamais elle peut nous y aider.

J'appartiens à la section Paris et Île-de-France, qui a créé un groupe WhatsApp dédié aux recherches. Sur ce canal, nous sommes informés des nouveaux dossiers qui nécessitent des volontaires. Comme je l'imaginais, ils sont très fréquents. Chaque semaine, des personnes contactent l'association pour retrouver une jeune fille qui a fugué, une personne âgée atteinte de la maladie d'Alzheimer et partie de son domicile sans affaires, ou encore un proche qui a disparu parfois plus de dix ans auparavant... Les bénévoles se proposent, et une fois que l'équipe de deux est réunie, la mission est attribuée et le dossier détaillé est envoyé par e-mail à chacun. Les enquêtes sont toujours réalisées à deux, afin d'avoir un double regard sur le dossier et de pouvoir avancer plus vite et plus efficacement. L'un des deux enquêteurs est désigné comme référent et sera seul, en lien avec la famille.

Sur les traces d'une personne suicidaire

Chaque affaire de disparition réalisée pour l'ARPD m'a marquée. Toujours pour des raisons différentes. Je découvre que le nombre de personnes qui souhaitent couper les ponts avec leur famille, dans les cas de disparition volontaire, est extrêmement élevé. Quand nous la retrouvons, nous lui indiquons avoir été mandatés par untel ou unetelle pour la retrouver. Si la personne souhaite ne pas donner ses nouvelles coordonnées, nous respectons son choix et ne lui demandons aucune justification. Nous informons alors notre mandant qu'elle a refusé de renouer contact. Toute personne majeure a le droit de disparaître.

Je n'avais pas anticipé, cependant, que rechercher des personnes disparues, c'était parfois retrouver des morts.

La première mission qui m'a été confiée a été d'organiser une battue. Un homme de 73 ans, Jean-François, père de trois enfants aujourd'hui adultes, vivait dans une banlieue pavillonnaire avec son épouse Mireille. Il avait disparu, soudainement, à l'heure du petit déjeuner. Sa femme était partie tôt le matin pour rendre visite à sa propre mère, à quelques heures de route de leur domicile. Jean-François était atteint de la maladie d'Alzheimer : le diagnostic avait été posé environ deux ans plus tôt. Lui qui était un retraité très actif (sport et activités bénévoles) ne supportait pas de se sentir diminué par la maladie. Il vivait très mal le fait de devenir « un poids » pour ses proches. Son épouse savait que cela l'affectait, mais elle n'avait pas mesuré à quel point la maladie l'avait plongé dans la tristesse. Elle lui avait laissé une petite liste de choses à faire. Ils avaient pris cette habitude pour rendre les tâches du quotidien plus faciles. Arroser les plantes dans le jardin, ramasser les feuilles, nettoyer la table de la cuisine. Jean-François prenait soin de les réaliser. Il a appelé son dentiste, avec qui il avait rendez-vous dans l'après-midi, pour annuler. Il a aussi laissé un mot, déposé sur la table de la cuisine : « Je suis désolé, je n'en peux plus d'être un poids pour toi et cela ne va faire qu'empirer. Je préfère partir maintenant. Vous n'êtes responsables de rien, c'est ma décision. Prends soin de toi et des enfants. »

À son retour, Mireille comprend tout de suite que quelque chose de grave est arrivé ou va arriver. Le disparu n'a emporté ni téléphone, ni argent, ni carte bleue. Mireille retrouve une enveloppe avec de l'argent en liquide et un petit mot de son mari : « De l'argent que j'avais mis de côté. » Elle contacte aussitôt la police.

Les agents lancent des réquisitions auprès de la RATP, de la SNCF et de l'Assistance publique-Hôpitaux de Paris (AP-HP), pour tenter de trouver, grâce aux caméras, si Jean-François a pris un train ou un RER, ou s'il a été reçu par un hôpital. Mireille remplit également un formulaire sur le site de l'AP-HP, permettant d'être alerté au cas où un proche serait accueilli aux urgences. Elle y précise notamment tous les signes physiques distinctifs de son mari : tatouage, grains de beauté...

Quand elle contacte l'ARPD, je prends l'affaire en charge et lui demande de me préciser toutes les habitudes de Jean-François : les lieux fréquentés, les magasins dans lesquels il se rendait, les lieux de son enfance... Je liste aussi tous ses proches : ses frères et sœurs, ses amis, en prenant soin de réunir leurs coordonnées, en cas de besoin.

La police est intervenue avec une équipe cynophile sur place, deux jours après la disparition. Les deux chiens de pistage, après avoir senti la brosse à cheveux du disparu, n'ont pas démarré devant la maison. Les pompiers sont aussi intervenus ce jour-là avec deux chiens de questage (qui eux interviennent sans odeur de référence) dans la maison et le jardin, sans résultat. Ils ont utilisé un drone muni d'une caméra thermique, pour sillonner les alentours, mais rien non plus. Les policiers ont dit à la famille qu'ils reviendraient le lendemain. Finalement, ils ne reviendront pas et indiqueront que l'enquête est pour eux terminée.

J'imagine le sentiment de désespoir ressenti par la famille. Et en même temps, je sais que les services de police sont tellement en sous-effectif que ce type de cas ne peut pas mobiliser beaucoup de moyens.

Les chiens pisteurs ouvrent le chemin

L'ARPD compte aussi, parmi ses membres actifs, une équipe cynophile composée de trois maîtres-chiens. La famille de Jean-François souhaite que ces équipes interviennent, malgré les cinq jours qui se sont écoulés. Les trois chiens de l'ARPD vont renifler son pyjama. Leur ordre de passage est défini avant de commencer. Le premier chien part du domicile et se rend dans une boulangerie. En effet, le disparu était allé acheter du pain pour son épouse, dans la matinée, avant de quitter définitivement la maison. Les deux autres chiens vont tracer un autre chemin : ils partent du domicile, entrent dans la forêt toute proche, puis, au bout de quelques centaines de mètres, ils s'arrêtent. Au téléphone, le maître-chien qui me rend compte de l'intervention m'explique que cinq jours après une disparition, c'est beaucoup ; cela réduit fortement les chances d'avoir des résultats précis. Nous convenons avec Mireille d'organiser une battue le dimanche, soit sept jours après la disparition.

Les bénévoles de l'ARPD sont sollicités. Un avis de recherche est aussi lancé. Je le relaie sur tous les groupes Facebook de la ville, en espérant que quelqu'un ait croisé la route de Jean-François et puisse nous donner des indications. Je commence à angoisser sur un point non négligeable : je n'ai jamais participé à une battue et je dois en organiser une ! La responsable de l'ARPD me rassure et me fait parvenir une

« Fiche conseil pour organiser une battue ». Le document est relativement bref mais va droit au but, avec des conseils concrets de mise en œuvre. Je vais les appliquer un à un. Parfois, il ne faut pas trop réfléchir : il faut juste agir.

Je retrouve Mireille chez elle peu avant le début. Le lieu du rendez-vous a été donné à tous les participants : un parking situé à l'orée de la forêt, sur le chemin qu'ont suivi les deux chiens de piste. Deux agents de police sont présents (nous sommes tenus de prévenir les autorités et/ou la mairie de ce type de rassemblement) et constatent le nombre approximatif de participants : environ 130 personnes. Je leur indique qu'à 16 heures, chacun sera convié à se rafraîchir autour d'un pot organisé sur le parking par la famille pour remercier les participants.

Toujours suivant les conseils de ma fiche pratique, je réunis tout le monde avant le départ et explique qu'il ne faut jamais se séparer, mais rester toujours à deux au minimum. L'idée est de créer une ligne ininterrompue, même si dans cette forêt il y aura des passages infranchissables, d'où l'intérêt de ne pas s'éparpiller ou s'isoler. Quelqu'un dans l'assemblée demande : « Qu'est-ce qu'on cherche exactement ? » Je réalise que la plupart des participants pensent trouver Jean-François vivant. La famille n'a pas précisé que le disparu avait laissé une lettre laissant à penser qu'il souhaitait mettre fin à ses jours. Je réponds qu'on cherche à trouver Jean-François, ou des traces de son passage.

Mais je suis obligée de préciser deux choses : si les participants trouvent des indices ou quoi que ce soit, ils ne doivent toucher à rien et prendre une photo pour me l'envoyer ; ensuite, tout doit être observé... y compris en hauteur, dans les arbres. Je sens un profond silence, pendant une seconde.

Je suis époustouflée par le nombre de personnes présentes, dont certaines ne connaissent absolument pas le disparu ni sa famille. Il y a des jeunes sportifs qui ont vu passer l'avis de recherche et l'annonce de la battue sur les réseaux sociaux ; des retraités, avec des gourdes et des bâtons de randonnée…

Baptême de battue

La battue va durer quatre heures, pendant lesquelles je vais recevoir des dizaines et des dizaines de messages de tous les participants, qui m'enverront tout ce qu'ils trouvent sur leur passage. Des sacs à dos abandonnés, des restes de pique-nique, des vêtements retrouvés dans les buissons… À chaque indice, j'en réfère à Mireille et à ses enfants qui sont présents. Nous effectuons plusieurs pauses, au cours desquelles nous tentons de faire le point. Les participants suggèrent des lieux à couvrir. Il faut à la fois écouter l'avis de tous et prendre des décisions fermes pour que la battue avance. Je n'ai pas pour habitude de donner des consignes et de diriger des groupes, mais je ne pense à rien de tout ça. Seul m'importe d'aider cette famille et de retrouver ce mari et père.

Après des heures de recherche, je croise des jeunes qui étaient venus en pantalon court ou jupe, les mollets griffés par les ronces. Assise contre un arbre, une dame d'environ 60 ans fait un malaise car elle n'a pas bu assez d'eau. Un petit groupe lui apporte à boire et une barre de céréales pour qu'elle reprenne des forces. J'ai moi-même les jambes qui tremblent de fatigue. Je me rends à l'évidence : nous devons cesser les recherches. Nous avons couvert environ un cinquième, à peine, de la forêt. Je suis déçue de ne pas avoir pu apporter de réponse, aujourd'hui, à cette famille. Admirative aussi de voir que les enfants de Jean-François conservent un très grand sang-froid. Quand l'un d'eux me demande si j'organise souvent ce type de battue, je n'ose pas répondre que c'est la première fois. Je ne peux pas m'empêcher de me demander si on aurait été plus efficaces avec une personne plus expérimentée… L'avenir me prouvera que non.

Un écho à ma propre histoire familiale

Le « pot de remerciement », si on peut l'appeler ainsi, n'est pas aussi triste que je l'aurais imaginé. La famille est à ce moment-là entourée chaleureusement dans cette épreuve difficile. Mireille prend la parole et remercie chacun d'avoir donné de son temps pour aider à retrouver son mari. Je rentre chez moi, le cœur lourd, après avoir indiqué à la famille que nous poursuivrons les recherches par des enquêtes de voisinage, des distributions de l'avis de recherche et une nouvelle fouille de l'ordinateur et du téléphone du disparu.

En début de soirée, l'un des fils m'envoie un texto : un corps a été découvert par des passants dans la forêt, dans une zone qui était à l'opposé de nos recherches. L'identification n'a pas encore été établie mais tout porte à croire que ce serait le corps de leur père. Jean-François avait donc marché longtemps avant de mettre fin à ses jours. Le lendemain, c'est Mireille qui écrit un mot directement sur le groupe WhatsApp de la battue. Elle annonce que le corps retrouvé la veille est bien celui de Jean-François. Elle ajoute un magnifique texte rendant hommage à son mari, expliquant qu'il a lutté ardemment pour combattre les effets de sa maladie. Que personne n'avait réalisé à quel point cela lui était insupportable. « Par son incroyable geste d'amour, il a refusé de faire souffrir sa famille. » L'élégance des explications de Mireille et la dignité qu'elle a conservée tout au long de ce terrible processus de recherche m'ont touchée. De mon côté, je rédige le rapport d'enquête qui sera envoyé à l'ARPD, reprenant point par point les différentes étapes des recherches engagées et permettant ainsi de clôturer le dossier.

Bien sûr, cette mission a fait remonter un chapitre de mon histoire personnelle. Dix ans auparavant, mon grand-père, qui traversait une phase dépressive, avait quitté son domicile à la suite d'une dispute familiale. Ma grand-mère et ma mère avaient retrouvé la boîte vide qui contenait l'arme de mon papi, conservée depuis la guerre d'Algérie. La police avait été alertée et une fouille des environs organisée. Mon grand-père avait été retrouvé dans un fossé, l'arme à la main. Il s'était suicidé. Un détail m'avait alors choquée ; le policier qui avait rendu compte à ma mère de l'autopsie lui en avait détaillé les conclusions : mon grand-père n'était pas mort aussitôt après l'impact, lui avait-il dit d'un ton très froid ; et il lui avait rendu la balle. Je ne sais pas si cela fait partie d'un quelconque protocole, j'ose espérer que oui, qu'il n'avait pas le choix. Mais ce détail m'a d'autant plus marquée que ma mère avait rangé la balle dans son sac, et n'y avait plus jamais touché. Plusieurs années après, sans y penser, elle m'a donné ce sac dont elle ne se servait plus, et j'y ai découvert la balle. Que devais-je en faire ? Organiser un rituel, l'enterrer dans un lieu symbolique ? L'idée de conserver cet objet m'oppressait terriblement. Un jour, sur un coup de tête, je l'ai empaquetée dans un mouchoir et l'ai jetée dans une poubelle, dans la rue en bas de chez moi. J'ai compris qu'il n'y avait pas de bonne manière de se débarrasser d'un tel objet.

Tout comme Jean-François, mon grand-père avait prémédité son geste et avait eu une attention pour ses proches. Avant de quitter le domicile pour son ultime voyage, il avait offert à ma mère une citation tirée d'un texte d'André Suarès datant de 1920, imprimée et encadrée de manière à la sublimer. Le texte évoque notamment le besoin, le désir ardent, de se sentir un homme libre : « IL EST POSSIBLE QUE LE LIVRE soit le dernier refuge de l'homme libre. Si l'homme tourne décidément à l'automate, s'il lui arrive de ne plus penser que selon les images toutes faites d'un écran, ce termite finira par ne plus lire. Toutes sortes de machines y suppléeront : il se laissera manier l'esprit par un système de visions parlantes ; la couleur, le rythme, le relief, mille moyens de remplacer l'effort et l'attention morte, de combler le vide ou la paresse de la recherche et de l'imagination particulière ; tout y sera, moins l'esprit. CETTE LOI EST CELLE DU TROUPEAU. »

L'APPORT PRÉCIEUX DES CHIENS DANS LES AFFAIRES DE DISPARITION

En 2022, je suis contactée par un proche d'un notable qui a disparu dans le Maine-et-Loire. L'homme a laissé une lettre contenant des pensées suicidaires et sa voiture a été retrouvée vide, dans une forêt. Ses proches le cherchent depuis plus d'un mois. Ils n'ont que peu d'espoir de le retrouver vivant. La personne me demande si je connais des maîtres-chiens qui pourraient intervenir dans leur région. Je me renseigne sur le sujet, découvre qu'il y a deux catégories de chiens renifleurs : ceux qui cherchent les vivants, et ceux qui cherchent les morts. Je lui envoie les coordonnées d'un maître-chien bénévole. Il organise deux battues qui ne donnent malheureusement aucun résultat. À ce jour, le notable disparu n'a toujours pas été retrouvé.

CHIENS DE PISTE OU CHIENS DE QUESTAGE

On les appelle « chiens de piste » ou « chiens de questage ». Les premiers recherchent une personne précise correspondant à une odeur de référence. Les seconds cherchent un humain, quel qu'il soit, mort ou vivant, dans un secteur géographique limité.

Ces chiens, selon leurs compétences, peuvent effectuer deux types de mission :

- **le pistage ou *mantrailing* :** on présente au chien un prélèvement d'odeur réalisé sur les effets du disparu. Le chien va suivre la piste de la personne correspondant à l'odeur. Il va chercher l'empreinte olfactive spécifique de la personne, c'est-à-dire des particules au sol ou en suspension.
- **la quête ou recherche en zone :** le chien cherche en libre dans une zone prédéfinie (un champ, une forêt, un immeuble...). Il détecte toute odeur humaine récente dans l'air ou au sol, sans référence individuelle. Il cherche donc de l'humain, quel qu'il soit, vivant ou mort. Cette technique est notamment utilisée pour les secours en montagne, après une avalanche ou un séisme (recherches dans les décombres).

LA DÉTECTION DE CADAVRES

Certains sont appelés « chiens de détection de cadavres (CDC) » ou *cadaver dogs* en anglais. Ils peuvent aussi être dénommés « chiens de recherche de restes humains » ou HRDD pour *human remains detection dogs*. Ils sont entraînés à détecter la présence de restes humains : corps entiers, ossements, sang, tissus en décomposition... qu'ils soient enterrés, immergés ou dissimulés.

Ces animaux sont formés à reconnaître les composés organiques volatils (COV) émis par un corps en décomposition. Ils peuvent détecter des traces infimes, parfois plusieurs semaines ou plusieurs mois après le décès. Ces chiens sont principalement utilisés dans des contextes judiciaires, dans le cadre d'affaires de meurtres.

Chapitre 7

300 adresses à photographier

Durant ma première année d'exercice, un détective m'a sous-traité une mission qui était loin d'être la plus rentable de ma carrière. Je sais, cependant, à quel point elle a été formatrice pour la détective en devenir que j'étais alors. La mission consistait à identifier et décrire l'immobilier de certaines adresses. Pour chaque lieu, je devais prendre un maximum de clichés des bâtiments, de l'environnement, et vérifier à l'œil nu l'état du bien. J'étais payée au forfait, par adresse, une somme ridicule qui couvrait à peine les frais kilométriques.

S'il est évident que jamais je n'accepterais une mission aussi peu rentable aujourd'hui, à cette époque, j'y voyais une opportunité de m'entraîner à pénétrer des lieux et à effectuer des photographies de la manière la plus discrète possible. J'allais devenir une habituée du fameux « pied dans la porte ». Le but de la mission ? À chaque fois que j'ai posé la question, la réponse qui m'a été fournie par le donneur d'ordre était assez floue : « Ces repérages ont pour objectif de déterminer ou non l'opportunité d'un bon investissement immobilier pour un grand promoteur. » Je n'ai pas eu beaucoup plus de détails, pourtant j'étais consciente que même si nous travaillons en sous-traitance, nous devons connaître tous les tenants et les aboutissants de nos missions. Sauf qu'à cette époque, je n'avais même pas un an d'expérience, et j'essayais de ne pas trop enquiquiner la main qui me donnait à manger. J'ai reformulé la question plusieurs fois, sous différentes formes, mais je n'ai jamais eu plus d'éclaircissements. Comme c'était finalement des photographies depuis la rue, sans aucune intrusion dans la vie privée de personnes physiques, j'ai effectué mon travail et cessé de poser des questions.

Le pied dans la porte

Pour certaines adresses, je dois faire quasiment trois heures de route aller-retour, le périmètre étant l'Île-France. Je n'ai pas anticipé à quel point ce département est immense. *A contrario*, je parviens parfois à m'occuper de cinq ou six adresses à Paris intra-muros en une seule journée. Au début, le détective m'envoie sur 10 adresses, pour me tester. Puis 20. Puis 30. Au final, je vais réaliser, en une année complète, près de 300 adresses.

À chaque lieu, je dois redoubler de créativité, car je rencontre divers obstacles. À aucun moment il ne m'a été demandé d'entrer dans les lieux. Si je les photographie de l'extérieur, si je décris quelque peu la façade et les environs (rue fréquentée ou non ? piétonne ? nombre d'étages du bâtiment ?), cela suffit amplement. Mais puisque personnellement j'ai accepté cette mission dans l'unique but de me former, je m'impose presque systématiquement ce challenge supplémentaire. Le détective est joueur et j'avais besoin d'ajouter un peu de piquant à cette mission qui aurait vite pu me sembler rébarbative !

Je découvre, à ma grande surprise, qu'il n'est pas si difficile d'entrer dans un immeuble. Pour commencer, il suffit d'arriver au bon moment. Je privilégie les horaires tôt le matin, quand les gens sortent de l'immeuble, pressés, sur la route du travail. Ou le soir, quand, aux alentours de 18 heures, les habitants commencent à rentrer chez eux. Au fur et à mesure, j'affine ma méthode car entrer juste après quelqu'un, sans rien dire, me donne des airs suspects. Je remarque que la plupart du temps, les gens se retournent vers moi avec un sourire interrogateur : « Je peux vous aider ? » La pire configuration : les immeubles avec deux codes différents, successifs... J'entre alors en deux temps, pour atténuer la méfiance de la première personne avec qui je pénètre dans l'immeuble. Je fais semblant d'être au téléphone, pour éviter toute conversation avec les résidents, mais aussi pour expliquer la raison de mon attente : « Coucou, je suis arrivée. Tu rentres quand exactement ? (...) Ah, attends quelqu'un m'ouvre, je t'attends dans le hall. (...) Ah non, c'est bon, quelqu'un m'a ouvert en bas, je monte, à tout de suite ! » Bon, je ne suis pas une actrice-née, mais à force de répéter l'action, plusieurs fois par jour parfois, je commence à être rodée. Le fait d'être une femme m'aide certainement. Il n'y a pas de débat : on se méfie toujours moins d'une femme. Je remarque aussi que plus je suis apprêtée et plus les habitants sont polis avec moi.

Dans les immeubles, je regarde rapidement l'état des murs, de la cour s'il y en a une, des façades intérieures, des portes d'entrée, du dernier étage, de l'ascenseur... Je photographie les messages de copropriété ou de syndic laissés dans les parties communes, qui énumèrent les soucis du moment dans l'immeuble : cambriolages, travaux à prévoir, visite d'un service de dératisation… Je repars ensuite aussi vite que je suis arrivée. 90 % du temps, cela marche comme sur des roulettes. Évidemment, je n'ai gardé en mémoire que les 10 % du temps où cela a failli déraper !

Voisins vigilants et agents de sécurité

Mon téléphone collé à l'oreille, j'entre avec un homme dans un immeuble. Je sens tout de suite qu'il est méfiant. L'immeuble n'est pas très fréquenté et j'ai déjà attendu pas mal de temps avant que quelqu'un m'ouvre, donc je le suis aussi jusqu'à la deuxième porte – je n'ai pas envie de passer la nuit dans cet immeuble. Ma précipitation me trahit. Il me demande très directement ce que je fais là. C'est un petit immeuble, avec deux appartements par palier, autant dire qu'il connaît tous les habitants. Je prétexte rendre visite à Anne Perreux, un nom inventé sur le coup. Il me demande à quel étage. « Au troisième », je réponds du tac au tac sans me dégonfler. « Il n'y a personne de ce nom-là au troisième. » Le ton est nettement plus sec et froid. Je fais alors mine de m'être trompée d'adresse : « Je ne suis pas au 14 de la rue X ? » (sachant que nous sommes au 12). Il me répond que non, pas dupe, et m'indique la sortie.

Une autre adresse est complètement perdue, au milieu d'un domaine vert. Il s'agit d'un hôpital psychiatrique, donc l'accès est interdit et l'entrée réservée aux patients et familles de patients, avec une barrière et un interphone à l'accueil. J'ai beau contourner tout le domaine, à pied et en voiture, il n'y a aucun point de vue me permettant d'avoir ne serait-ce qu'un petit aperçu du lieu. J'en réfère à mon directeur d'enquête, frustrée d'avoir échoué. Il me répond : « À l'impossible, nul n'est tenu. » La seconde d'après, il est déjà passé à autre chose. Moi, je ressasse pendant les 45 minutes de route du retour.

Quelques semaines plus tard, je me rends sur les lieux d'une entreprise dont la sécurité est hautement gardée. Et pour cause : il s'agit d'une entreprise de sécurité, justement. Toutes les barrières environnantes m'empêchent de voir le bâtiment. Je me dis que ce serait drôle d'arriver à passer la sécurité de cette entreprise. Je décide donc d'y aller au culot. Un agent surveille les entrées et les sorties des voitures et des piétons. Je passe devant lui comme si je ne le voyais pas, comme si c'était naturel. J'arrive presque à l'entrée du bâtiment quand il m'interpelle, et me demande mon badge. Je réponds que je n'en ai pas, que je viens déposer un CV pour une demande de stage dans l'entreprise. Ma réponse lui suffit. À l'accueil, je demande simplement à la secrétaire si elle pense que je peux postuler pour un stage en marketing, et si oui, quelles sont les démarches. Tout en lui parlant, je regarde attentivement les lieux, l'état des murs et des fenêtres, pour les retranscrire plus tard dans mon compte rendu.

Et puis il y a ce jour où je dois photographier les façades d'un lieu qui accueille notamment une grande chaîne nationale. Je ne tente pas d'entrer, je fais simplement le tour du bâtiment en effectuant des clichés. Je me fais arrêter, sur un trottoir, par trois immenses agents de la sécurité. Aïe. Je sens qu'ils ne rigolent pas du tout. Ils me demandent pourquoi j'ai pris des photos du bâtiment. Je n'avais prévu aucun scénario car j'étais restée loin de l'entrée. J'improvise alors complètement. Les trois agents semblent extrêmement tendus. Je décide de jouer la carte de la pitié pour faire dégonfler leur méfiance le plus rapidement possible. J'explique que j'ai un rendez-vous, je dis même « un *date* » pour accentuer un peu le côté pathétique de la situation, avec un mec que j'ai rencontré sur une application de rencontres. Il m'attend dans un café mais je ne trouve pas le café en question, donc je lui envoie des photos pour qu'il repère ma position et me dirige. Les agents marquent une seconde d'arrêt, puis m'indiquent la place avec le seul café des environs. Je sens que mon scénario n'a pas convaincu, mais que peuvent-ils faire de plus ? L'un d'eux me suit, de loin, jusqu'au café, pour voir si j'entre vraiment dans le lieu et si je rejoins quelqu'un. Visiblement, mon *date* m'a plantée. Je retourne jusqu'à ma voiture. L'agent est toujours derrière moi lorsque je démarre. Il a très probablement noté ma plaque d'immatriculation. Mais cela n'a pas d'importance.

Ce que je retiens de ces centaines de repérages, ce n'est pas seulement l'endurance ou la patience. C'est une sorte de discipline invisible, une capacité à entrer dans les lieux sans faire de bruit, à observer sans déranger, à recueillir sans s'imposer. Être détective, ce n'est pas juste obtenir une information. C'est apprendre à être là sans être vu, à frôler les lignes sans jamais les franchir. Ce travail discret, sous-payé, chronophage, a été mon école. Et sans doute la meilleure.

Chapitre 8

Relation d'emprise et faille narcissique

« Bonjour madame, je vous appelle car ma fille est séquestrée. »

C'est l'introduction alarmiste classique des dossiers d'emprise ou de dérive sectaire. En grattant des éléments plus tangibles autour de la situation, on comprend rapidement que la personne en question n'est pas littéralement « séquestrée ». Ses proches voient cependant, dans son isolement soudain, une sorte de prise d'otage psychologique. Les questions essentielles à se poser sont alors les suivantes : la personne est-elle libre de ses mouvements ? A-t-elle conservé son libre arbitre ou bien la relation d'emprise a-t-elle détruit ce qui lui permettait de faire ses propres choix ?

Les premiers signes de l'emprise

Au téléphone, une mère affolée, Christiane, qui tente de retrouver sa fille Chloé. Cette dernière s'est mise en couple avec Jérémie depuis trois ans. Chloé avait 20 ans quand elle a rencontré Jérémie lors d'un concert. Lui en avait 35. Ils partagent la même passion pour la musique. Chloé a toujours rêvé d'en faire son métier. Ses parents l'ont d'ailleurs soutenue dans son rêve : elle a effectué ses études au Conservatoire de Lyon. Mais une fois arrivée à Paris, ville où elle espérait se réaliser, elle a rapidement abandonné ses plans en côtoyant Jérémie. Lui se rêve chanteur. Ensemble, ils proposent ses compositions sur les réseaux sociaux et nous comprendrons rapidement que c'est Chloé qui gère la logistique de ces capsules vidéo : c'est elle qui filme, qui monte les vidéos. Au début, Jérémie avait la bonté d'âme de la créditer dans les remerciements de ces vidéos, likées par tout au plus dix personnes, en moyenne.

Les projets professionnels de Chloé sont, petit à petit, passés au second plan, jusqu'à ce qu'elle n'en parle plus du tout. Au bout de deux mois de relation, Jérémie est venu habiter dans le petit studio qu'elle louait à Paris. C'était un appartement d'à peine 20 m^2 qu'elle était censée quitter le jour où elle trouverait son premier emploi dans la musique. Les parents de Chloé, un couple aisé – lui est médecin et elle professeure d'université à Lyon – aidaient évidemment leur fille financièrement. Ils ne se souciaient pas, au début, de cette vie active qui mettait un peu de temps à se mettre en route.

Chloé a un frère, plus âgé, qui a réussi brillamment ses études de droit et est juriste dans un grand cabinet lyonnais. Elle a aussi une grande sœur, Isabelle, qui vit dans le sud de la France : sage-femme, mère d'un garçon de deux ans. Chloé, c'est la petite dernière de la fratrie. Elle a toujours été un peu décalée, ce qu'on a rapidement mis sur le compte de son côté « artiste ». Chloé est extrêmement sensible, ce qui lui a valu, toute son adolescence, beaucoup d'incompréhension de la part de son frère et de sa sœur, davantage cartésiens. Chloé prend les choses « trop à cœur », semble souvent « à fleur de peau » et embête tout le monde avec ses « sautes d'humeur ». Chloé la « capricieuse ». Celle qui « exagère ». Des expressions que Chloé a entendues toute sa jeunesse. Surnommée « la *drama queen* de la famille » en raison de ses crises ponctuées de cris et de larmes, Chloé s'est toujours sentie en marge, même au sein de sa propre famille. C'est sa mère qui me la décrit ainsi, avant d'en arriver au point qui l'inquiète terriblement.

Depuis qu'elle est en relation avec Jérémie, Chloé s'est métamorphosée. La jeune femme solaire et passionnée qu'elle a toujours été s'est éteinte et complètement refermée sur elle-même. Au début, Jérémie a été accueilli dans la famille comme les autres petits copains et copines de leurs enfants : invitation aux repas de famille à Lyon, visites et déjeuners avec les parents lors de leurs venues à Paris. Jérémie, extraverti et sûr de lui, avait certes une personnalité étrange mais comme leur fille n'avait jamais rien fait comme les autres, cela n'avait pas spécialement alerté les parents. Du moins, au début.

Les premiers signaux troublants sont venus un jour où ils étaient réunis à Lyon pour fêter Noël : Isabelle, la sœur, a entendu, à travers la porte de la chambre de Chloé, une scène qui lui a fait froid dans le dos. Jérémie critiquait fortement Chloé, tout comme le reste de la famille : « Tu vas quand même pas porter ça ? Non mais Chloé, t'es plus une gamine. Tu veux pas porter des fringues de femme, un peu ? En même temps, c'est pas dans ta famille de gaucho-provinciaux qu'on va te reprocher cet accoutrement minable. Tu me fais honte. Ne t'avise jamais de porter ça dans ma famille. »

Il ne lui en fallait pas plus pour comprendre que Jérémie avait une personnalité double, et que si Chloé avait tant perdu de sa lumière, c'était parce que son petit ami passait son temps à éteindre sa flamme intérieure. Chloé, de nature joyeuse et festive, devenait de plus en plus triste, presque dépressive. Lors de ces vacances de fin d'année, Isabelle a attendu d'être seule avec Chloé pour lui en toucher deux mots. Elle lui a dit qu'elle avait été scandalisée d'entendre comment Jérémie lui parlait et lui a demandé s'il la traitait bien lorsqu'ils étaient juste tous les deux. Quand on aime quelqu'un, il peut y avoir des hauts et des bas, mais on ne le dénigre pas. On ne dénigre pas sa famille ou ses goûts. Cette relation n'était pas saine.

Jérémie ne semblait pas être quelqu'un de violent, mais Isabelle avait joué son rôle de grande sœur protectrice jusqu'au bout, en demandant à Chloé si son copain avait déjà levé la main sur elle. La réaction de la cadette fut épidermique. Comment Isabelle osait-elle écouter aux portes ? Il n'avait jamais été possible d'avoir un semblant d'intimité dans cette famille. Comment osait-elle juger son petit ami qu'elle n'avait rencontré que trois fois dans sa vie ? Jérémie avait eu une enfance très compliquée, c'était un survivant des mauvais traitements infligés par son père. Malgré son passé, et même en étant bipolaire, il avait quand même réussi à se construire et à devenir quelqu'un. Comment Isabelle pouvait-elle comprendre cela, avec sa petite vie parfaite ? Tout le monde n'était pas obligé d'avoir un mariage à l'église et des enfants pour être heureux ! Jérémie prenait soin d'elle au quotidien, et surtout il la comprenait comme personne d'autre dans cette famille ne l'avait jamais comprise. D'ailleurs, elle ne savait pas ce qu'elle ferait sans lui, désormais. Isabelle n'avait pas intérêt à « foutre la merde », alors même qu'elle avait enfin trouvé quelqu'un qui la supportait.

Jérémie et Chloé sont repartis le jour même, en voiture, pour faire les 500 kilomètres qui les séparaient de Paris. C'est la dernière fois que Chloé a vu sa famille. C'était il y a trois ans.

Chloé est majeure. Toute personne majeure est libre de couper les liens avec sa famille. Les policiers ne veulent pas traiter ce sujet. Parler d'emprise mentale dans un commissariat est compliqué. Il suffit de prononcer « pervers narcissique » pour voir les agents lever les yeux au ciel, à force d'entendre cela quotidiennement. De quelles preuves disposez-vous pour affirmer une telle chose ? Avec Christiane, nous convenons que l'enquête consistera en deux points : tout d'abord, retrouver la trace de Chloé et savoir si elle est en vie et en bonne forme, si elle n'est pas séquestrée comme ses parents l'affirment. Dans un second temps, tenter de rassembler les preuves d'un éventuel abus de faiblesse ou des signaux alarmants d'emprise mentale.

Retrouver Chloé, coûte que coûte

En l'espace de trois ans, je vais devoir retrouver Chloé trois fois. Chloé et Jérémie se prennent pour Bonnie & Clyde. Ils n'ont pas une vie conventionnelle. Ils ne travaillent pas, vivent sous les radars, il n'est donc pas facile de les retrouver. Cela fait belle lurette qu'ils ne sont plus dans le petit studio loué par les parents de Chloé. Jérémie, lui, disait être soutenu financièrement par sa mère. Cette dernière est une marginale : elle vit et a toujours vécu en Seine-Saint-Denis. Malgré ses revenus modestes et sa condition de veuve, elle conduit une BMW et effectue régulièrement des actes de chirurgie esthétique. Elle est très attachée aux objets « bling-bling » comme les montres, les bijoux et les parfums de marque. Son fils n'est rien de moins que la septième merveille du monde. Il n'a jamais travaillé, mais pour sa mère, c'est un artiste incompris, qui n'est pas né à la bonne époque. Elle l'aide financièrement, tout comme les parents de Chloé continuent de verser à leur fille de quoi payer un loyer à Paris, via un compte bancaire qui reste leur dernier point de contact avec leur fille. Symboliquement, ils n'arrivent pas à arrêter ces versements. Ils craignent trop qu'elle se retrouve à la rue.

Chloé et Jérémie enchaînent les déménagements. Leurs premières adresses étaient connues de leurs parents, car ils s'étaient portés garants des contrats de location. Je vais vérifier chaque ancienne adresse pour être sûre qu'ils n'y sont plus, et j'en profite pour interroger les habitants du quartier. Je croise un ancien voisin qui se souvient bien de ce couple, « des jeunes bizarres », qui étaient persuadés d'être traqués par la police. Ils couraient parfois se cacher en entendant les sirènes passer dans la rue. Cela aurait bien fait sourire le voisin s'il n'avait pas été dérangé, un nombre de fois incalculable, par leurs nombreuses disputes dans l'appartement. Il ne regrette pas qu'ils soient partis. « Bon débarras, il y avait en plus souvent des allées et venues chez eux. » À cause de ce détail, Christiane a souvent pensé que Chloé se prostituait peut-être, forcée par Jérémie, ne sachant pas expliquer comment ils arrivaient à vivre sans travailler.

Au cours de mes recherches, via mes différents contacts, je réussis à trouver une nouvelle adresse que les parents ne m'ont pas transmise. Il s'agit d'une grande résidence, en banlieue parisienne, en Seine-Saint-Denis justement. Le problème principal pour vérifier l'adresse est que le couple vit en totale autarcie. Chloé est capable de ne pas sortir pendant une semaine. Depuis qu'elle vit avec Jérémie, sa phobie sociale a empiré. Je planque des jours et des jours sans jamais les voir sortir. Étant seule, faute de budget, je ne peux pas boucler toutes les sorties. Je fais avec les moyens du bord. J'appelle un confrère, qui se fait passer pour un livreur. Il arrive avec une boîte à pizza, son téléphone collé au poignet, casquette et habits de cycliste. J'ai ciblé l'appartement où le couple devrait se trouver, par déduction, avec le numéro lié à leur nom sur l'interphone. Il sonne à la porte.

Il est exceptionnel que des détectives privés aillent « au contact » de leurs cibles, car il est difficile, par la suite, de les prendre en filature, étant donné qu'elles nous ont vus. Raison pour laquelle j'envoie un collègue, qui ne travaillera qu'une seule fois sur ce dossier. Jérémie répond à travers la porte, plus suspicieux que jamais. Il dit qu'il n'a jamais commandé de pizza. Mon collègue me rapporte les faits et je comprends que nous ne sommes pas plus avancés pour savoir si Chloé vit bien dans l'appartement. Je décide de venir planquer en soirée. Depuis la cour de l'immeuble, j'observe les fenêtres que je suppose être celles de leur appartement. Nous sommes en plein mois de décembre. Ma chance, c'est que Jérémie fume énormément. Un soir, bingo : je le vois ouvrir la fenêtre et souffler sa fumée à l'extérieur. Il parle fort et fait de grands gestes à la personne qui est derrière lui. Et puis, je la vois enfin : l'ombre de Chloé, puis Chloé entièrement, qui passe quelques secondes devant la fenêtre. Chloé vit donc bien ici. Dans la pièce, elle est libre de ses mouvements. Le couple se dispute et Chloé pleure. Je le sais parce que je la vois essuyer ses larmes à plusieurs reprises, derrière ses lunettes. Elle ne dit rien. Il n'y a que Jérémie qui parle et qui s'écoute, à la fenêtre, avec un ton très autoritaire.

J'ai le cœur brisé de voir cette pauvre petite d'à peine 23 ans gâcher sa vie à broyer du noir toute la journée en mauvaise compagnie. J'annonce à sa mère que j'ai bien vu Chloé à la fenêtre et je lui détaille la scène. Je ne lui donne pas l'adresse. Elle sait que je ne le peux pas. À ce moment-là, elle est juste très soulagée que sa fille soit... vivante. Une autre fois, je verrai Chloé sortir acheter des médicaments à la pharmacie. J'en déduirai qu'elle n'est pas vraiment « séquestrée » comme me l'avait annoncé sa mère. Elle semble libre. Du moins, physiquement. Reste-t-elle enfermée parce qu'elle déprime ? Souffre-t-elle d'une anxiété sociale ? À écouter ses parents, la raison est qu'elle est sous l'emprise mentale de Jérémie. Si c'est le cas, étant donné qu'elle a coupé tout contact avec le monde extérieur, la seule personne qui pourrait la sortir de là, c'est elle.

Encore un déménagement

Quelques mois plus tard, je retourne à l'adresse. Je ne constate aucun signe de vie lors de mes différents passages. Les volets restent fermés à toutes les fenêtres de l'appartement. Ils ne bougent jamais de position. Je décide de sonner chez les voisins. J'ai de la chance : je tombe sur un jeune homme qui vit sur le même palier qu'eux. Il me dit que le couple a dû déménager car il y a des cartons sur le balcon, qui n'ont pas bougé depuis des semaines. Je laisse mes coordonnées et récupère celles de ce précieux voisin, qui va m'être d'une grande aide par la suite. Je lui demande s'il peut me contacter dès qu'il se passera quelque chose de nouveau dans cet appartement. Il me précise qu'un jour Chloé est venue sonner à leur porte : elle était en pleurs et demandait si la famille pouvait faire moins de bruit. « Mes petits frères faisaient du bruit, c'est normal, ce sont des enfants. Mais elle était anormalement affectée. Elle pleurait et semblait au bout de sa vie. » C'est la dernière fois qu'il l'a vue en chair et en os.

Au cours de cette enquête, je vais demander de l'aide à de nombreuses personnes pour retrouver Chloé ou tenter d'entrer en contact avec elle. Un grand nombre va refuser : des lieux de passage du couple (hôtels, bars...) au nom de la vie privée de leurs usagers ; des connaissances de Jérémie, qui préfèrent ne pas se mouiller dans une histoire qui a l'air sordide et qui ne les regarde pas. Et puis, il y aura tous ces gens qui vont m'aider, eux, la plupart du temps en me renseignant simplement. Je pense qu'ils l'ont fait par empathie pour la famille de Chloé. Certains ont été en contact avec Jérémie et ont perçu qu'il était, tout au moins, « étrange ».

Quelques semaines plus tard, le jeune voisin m'informe via WhatsApp que la mère de Jérémie est venue récupérer les cartons restants sur le balcon. Elle s'est présentée à l'interphone car elle n'avait pas de badge pour ouvrir la porte de l'immeuble. Je demande au voisin s'il connaît le propriétaire de l'appartement en question, mais ce n'est pas le cas. Deux semaines plus tard, il me dit qu'il y a des travaux dans le logement. J'envoie illico une collègue pour obtenir des informations grâce aux ouvriers, étant moi-même sur un autre dispositif. Elle se présente comme une mère cherchant un logement à louer dans le quartier pour sa fille et demande aux ouvriers le contact du propriétaire. Chose faite ! Ce propriétaire va nous aider considérablement à y voir plus clair sur la situation de Chloé et Jérémie. C'est malheureusement pire que ce qu'on imaginait.

Au téléphone, je ne dis pas que je travaille pour les parents de Chloé. L'un des avantages de mon métier, c'est que la loi qui définit la profession me permet de ne pas me présenter en tant que détective privée ni d'évoquer l'objet de ma mission pour recueillir du renseignement. Comme je ne connais pas l'étendue des dégâts causés par le couple, je préfère indiquer que je travaille pour un autre propriétaire qui a eu des loyers impayés par le passé à cause d'eux.

LE CADRE JURIDIQUE DE LA PROFESSION

L'activité de détective privé ou agent de recherches privées est règlementée par l'article L621-1 du Code de sécurité intérieure (CSI) : « Est soumise aux dispositions du présent titre la profession libérale qui consiste, pour une personne, à recueillir, même sans faire état de sa qualité ni révéler l'objet de sa mission, des informations ou renseignements destinés à des tiers, en vue de la défense de leurs intérêts. »

Il s'agit donc d'une profession libérale qui offre aux détectives privés la possibilité de taire l'objet de leur enquête, auprès des diverses personnes qu'ils rencontrent au cours de leurs investigations. Contrairement au commissaire de justice (autrefois, huissier de justice), qui a pour obligation de faire état de sa fonction lorsqu'il se présente à une personne lors de ses vérifications.

Toutefois, l'agent de recherches privées n'a pas le droit d'usurper l'identité d'une autre personne ou de se faire passer pour un représentant des forces de l'ordre. La profession est encadrée et contrôlée par le CNAPS (Conseil national des activités privées de sécurité), un organisme public sous tutelle du ministère de l'Intérieur. Le CNAPS délivre aussi les agréments, autorisations et cartes professionnelles à tous les détectives privés en activité en France.

Bonnie & Clyde

Le propriétaire est un jeune actif de 30 ans. Il me raconte avoir fait un emprunt pour acheter ce petit appartement qu'il a fait rénover avant de le mettre à la location pour rembourser son prêt immobilier. Voilà huit mois que Chloé et Jérémie ne paient plus leur loyer. Il a perdu près de 8 000 €. Il vient tout juste de récupérer les lieux. Il est dans l'obligation d'effectuer quelques travaux car l'appartement, loué meublé, a été laissé dans un état lamentable. « Quand j'ai enfin pu entrer dans l'appartement, les meubles étaient sens dessus dessous, j'ai presque cru qu'ils avaient été cambriolés, mais non, c'était juste un désordre terrible. L'odeur de cigarette aussi, mais encore s'il n'y avait que ça. J'ai retrouvé des meubles cassés, une montagne de bouteilles d'alcool en tout genre. On aurait dit un squat... »

Je demande comment le couple a réussi à obtenir l'appartement car les parents de Chloé ne se portaient plus caution à ce moment-là, et d'après mes investigations, aucun des deux n'avait de travail. Il m'explique qu'ils avaient un « très bon dossier ». Jérémie travaille dans une grande entreprise de conseil, située à la Défense. Je ris jaune intérieurement. « Comment êtes-vous sûr qu'il avait cet emploi ? » Le propriétaire m'indique que le dossier comportait ses dernières fiches de paie et son contrat de travail. Je l'informe qu'il s'est fait arnaquer, qu'évidemment Jérémie n'est pas un brillant consultant parisien à la carrière toute tracée… Je prends des pincettes, car je sais ce que cela produit d'être victime d'une arnaque : un sentiment de honte mêlé à une profonde colère envers soi-même, d'avoir été aussi naïf.

Chloé et Jérémie s'étaient donc « professionnalisés ». Ce que je prenais pour une posture au départ, ce jeu de Bonnie & Clyde devenait de plus en plus vrai : ils étaient devenus un couple d'escrocs. Ils avaient bien payé les premiers loyers, mais au bout d'un moment, Jérémie avait commencé à se plaindre de divers aspects de l'appartement et tout fait pour entrer en conflit. Tant et si bien qu'il avait fini par annoncer : « Puisque c'est comme ça, nous ne paierons plus. » Le propriétaire avait contacté la mère de Jérémie, qui s'était portée caution pour le contrat de location : celle-ci l'avait reçu avec la même agressivité que son fils. Concluant la conversation par un sourire narquois que le propriétaire avait deviné à travers le téléphone : « De toute façon, la trêve hivernale commence. Vous ne pourrez pas les déloger de sitôt. » Puis elle lui avait raccroché au nez. Son interlocuteur avait réalisé, à cette seconde, qu'il avait affaire à des habitués des loyers impayés et qu'il ne pouvait qu'attendre l'arrivée du printemps avant de tenter quoi que ce soit.

La mère de Chloé est assommée par ces nouveaux éléments. Sa fille avait sombré dans l'alcoolisme, ou bien vivait avec un alcoolique, ou bien les deux. Elle devenait une délinquante alors qu'elle n'avait pas du tout été éduquée avec ces valeurs. Pour couronner le tout : on ne savait plus où elle était. Elle décida que la situation était suffisamment urgente pour porter plainte pour disparition inquiétante, du fait de la grande fragilité de Chloé, de son état dépressif et de sa potentielle addiction. Les policiers acceptèrent de borner le téléphone de Jérémie pour le localiser. Chloé n'avait plus de ligne à elle à ce moment-là. Je contactai l'enquêteur qui gérait le dossier. Il savait très bien qu'il ne pourrait pas déployer de gros moyens sur l'affaire de Chloé et me donna les informations du bornage du téléphone ; cela restait une vaste zone à explorer, car les données n'étaient pas précises. Deux policiers s'étaient rendus sur place une semaine plus tôt, et avaient sonné à deux ou trois adresses dans les environs, sans résultat.

Les détectives privés et les policiers peuvent travailler ensemble, en se partageant quelques informations, mais cela reste à l'unique appréciation du policier. La plupart acceptent de donner quelques renseignements quand ils savent qu'ils n'ont de toute façon pas le temps d'enquêter davantage et que l'intérêt de la mission est la protection d'une personne. Mais ce sont des informations « en off » et, en général, elles vont dans les deux sens. Par exemple, j'ai fourni à ce policier toutes les adresses précédentes et les numéros de téléphone trouvés lors de mon enquête.

Le jeu du chat et de la souris

Sur place, je quadrille un périmètre à inspecter autour du lieu où le téléphone de Jérémie a borné à plusieurs reprises. Toute la matinée je sillonne les rues à la recherche, soit de leurs noms sur les boîtes aux lettres ou les interphones, soit de la voiture de Jérémie que j'ai identifiée précédemment. J'interroge aussi tous les commerces de proximité. Après quatre heures de recherches, je me fixe une limite car je ne peux pas chercher dans le vague pendant une semaine non plus. Je m'impose d'arrêter après avoir fini la rue dans laquelle je suis. Elle comporte une immense résidence, dont les allées sont ouvertes à tous, donnant sur un grand parking extérieur. Au bout de la deuxième allée, je vois la voiture de Jérémie. Je prends mon téléphone pour bien comparer la plaque d'immatriculation car j'ai peur de m'emballer sous le coup de la fatigue de fin de journée : c'est bien elle. Sur la banquette arrière, des cartons de déménagement. Je n'en crois pas mes yeux. Je viens de les retrouver pour la deuxième fois alors que la situation paraissait désespérée. Je ne vois leur nom sur aucune boîte aux lettres cependant. Sont-ils hébergés chez quelqu'un ? Je photographie les lieux, dont la configuration est complexe, pour une éventuelle planque à venir : le parking est réservé aux résidents, fermé par une barrière, et il y a trois sorties différentes pour les piétons. Pour l'heure, la mère de Chloé est soulagée, même si je ne lui donne pas l'adresse.

Quelques semaines plus tard, la voiture est toujours là. Un habitant de la résidence m'indique que les places de parking sont numérotées et attribuées. À ma grande surprise, le nom de Jérémie est maintenant sur l'une des boîtes aux lettres. La question est de savoir si Chloé est bien ici aussi, même si j'ai peu de doutes. Je profite de l'entrée d'une habitante pour me faufiler dans l'immeuble. Devant l'une des portes, j'entends, à travers la cloison, Jérémie qui se dispute avec Chloé. Plutôt, il semble la « gronder », avec son ton toujours très autoritaire, sans émotion. J'entends Chloé pleurer. Elle gémit. Ce sont les pleurs d'une personne à bout de nerfs. Elle le supplie d'arrêter, répète qu'elle est désolée. Ses plaintes me transpercent le cœur. Je me sens impuissante. Je sonne chez quelques voisins et demande si les disputes du couple sont fréquentes. On me dit que oui. Je demande si les policiers ont déjà été appelés pour intervenir. La voisine, qui les entend souvent, gênée, me dit que non, elle n'a jamais pensé à faire cela : « Ce ne sont pas mes affaires, je n'ai pas envie de me mêler de leurs histoires... »

Jérémie devient de plus en plus virulent. Je décide d'appeler la police. J'explique que je suis détective privée sur une affaire de disparition et d'abus de faiblesse. Je soupçonne des violences conjugales dans un appartement où se trouve la personne que je recherche. Trente minutes plus tard, quatre policiers en civil débarquent et me demandent de leur faire rapidement un topo de la situation. Ils veulent voir ma carte professionnelle. Ils me disent tout de suite que la jeune fille étant majeure, c'est elle qui décidera de ce qu'elle veut faire ou non. Ils montent dans l'immeuble et reviennent dix minutes plus tard, presque le sourire aux lèvres. Ils m'expliquent que je me suis inquiétée pour rien : le couple leur a raconté, dans une ambiance très détendue, qu'ils répétaient un texte de théâtre, pour une audition que Jérémie passait dans quelques jours. Chloé a confirmé cette version et elle semblait très bien, même si elle a pris quelques kilos par rapport à la photo que je leur ai montrée. On ne soupçonne pas la capacité inouïe d'une personne sous emprise à faire bonne figure pour protéger son bourreau...

Je suis sonnée : je n'en reviens pas que ces quatre gaillards, rompus aux menteurs, se soient laissé embobiner. C'est le sort réservé aux proies des pervers narcissiques : personne ne les croit en danger puisqu'elles sont les premières à prendre la défense du pervers.

Je mets la famille en contact avec une avocate que j'ai rencontrée quelques mois plus tôt, spécialisée dans les affaires d'abus de faiblesse. Je transmets à la professionnelle mon rapport d'enquête, qui reprend étape par étape les éléments inquiétants concernant la vie de Chloé depuis qu'elle est avec Jérémie. Trois ans d'enquête. Elle lance une procédure et rapidement la plainte de la famille est reçue par le procureur de la République. Sauf que ce type de procédure est long et qu'à l'heure où j'écris ces lignes, les tentatives qui ont été lancées judiciairement et via des assistantes sociales n'ont pas abouti. Chloé est injoignable, ne sort pas, ne répond pas aux e-mails.

Le couple ne va pas rester longtemps dans ce logement. Cinq mois plus tard, ils sont déjà partis. Je questionne encore d'autres voisins. Une dame m'explique que les disputes étaient très fréquentes et que « la petite » semblait éteinte et sortait très peu. Dès le début de l'hiver, ils n'ont plus payé le loyer. Ils sont partis à l'arrivée du printemps. Nous voilà revenus au point de départ, sans plus aucune piste à suivre. Je commence à penser que si Chloé refuse l'aide de tous, on ne peut décidément rien pour elle.

Narcisse et son miroir

Le côté pratique des prédateurs comme Jérémie, qui a aujourd'hui 40 ans, c'est qu'ils sont très narcissiques. Jérémie est, par périodes, très actif sur les réseaux sociaux, même si son audience est microscopique. Il publie par dizaines des photos de lui, se montre sous tous les angles, enregistre même des vidéos pour montrer sa beauté, son quotidien et ses talents de musicien. Il y débite des paroles qui n'ont parfois aucun sens. Il semble « défoncé ». Je ne sais pas si c'est l'alcool, son médicament pour la bipolarité ou sa maladie psychique en tant que telle. Sur l'une des images, il apparaît sur un balcon, dans un immeuble qui semble récemment rénové. Il dit chercher un colocataire car le loyer est trop cher pour lui. Il indique avoir passé une annonce sur une plateforme de colocation et propose à ses *followers* de candidater s'ils cherchent un logement. Il ne parle à aucun moment de Chloé.

Munie de tous ces nouveaux éléments, je décide de contacter un confrère qui est très bon en recherches numériques. Je travaille sur ce dossier depuis trois ans, et je n'arrive plus à voir s'il y a encore des pistes que je n'ai pas explorées. Je lui dis que l'objectif le plus urgent est de localiser Jérémie (et donc Chloé). Sans cela, on ne peut pas suivre son état de santé. Il regarde tous les posts de Jérémie et les informations que je lui envoie. Deux heures plus tard, il m'annonce avoir retrouvé leur adresse. Du moins, la résidence dans laquelle Jérémie est sur la photo. Avec le numéro de téléphone, il a retrouvé l'annonce de colocation que Jérémie avait effectivement postée (comme c'est un menteur invétéré, j'avais cru que l'annonce n'existait pas). De là, il a pu voir encore d'autres photos. Les immeubles étant neufs, il a retrouvé les plans immobiliers des bâtiments à l'époque où la résidence n'était qu'à l'état de chantier. Il a ensuite resserré grâce aux photographies prises du balcon et à la vue qui nous avait permis d'identifier le quartier. Je suis épatée – même si je connais le pouvoir de l'OSINT, ces techniques d'enquête numériques – de la rapidité avec laquelle il a retrouvé leur adresse.

L'OSINT, TECHNIQUES D'INVESTIGATION SUR INTERNET

OSINT signifie « Open Source INTelligence », ou ROSO en français pour « renseignement d'origine sources ouvertes ». Il s'agit d'un ensemble de techniques, d'outils et de méthodes permettant d'enquêter sur Internet en profondeur. L'objectif est d'aller puiser du renseignement en utilisant des sources d'information publiques. Plus que le simple recueil, l'art de l'OSINT est avant tout une analyse des données réunies grâce aux recherches.

En France, il existe désormais de nombreuses associations qui réunissent les amateurs d'OSINT, soit pour échanger leurs conseils sur le domaine, soit pour suivre des formations, soit encore pour se tenir informés de l'actualité sur le sujet. Par exemple, Openfacto, OSINT-FR ou encore OSINTOPIA, qui gère désormais la plateforme http://ozint.eu.

Cette communauté d'enquêteurs curieux de développer ensemble leurs compétences organise régulièrement des CTF (« Capture The Flag ») : des jeux avec des scénarios élaborés qui permettent aux joueurs, répartis en équipes, de progresser dans une histoire en réussissant divers défis d'enquêteurs OSINT.

L'OSINT permet de retrouver par exemple le lieu où a été prise une photographie (en pratiquant plus précisément le GEOINT, pour

« geospatial intelligence ») ; d'établir des liens entre plusieurs personnes grâces aux recherches Google et aux réseaux sociaux ; de vérifier des informations qui étaient en ligne sur des sites, même si elles ont été effacées par leurs auteurs... Le champ des possibles de l'OSINT est immense.

La seule façon d'améliorer ses compétences en OSINT étant de s'exercer, je profite de chaque enquête pour chercher, avec des méthodes d'OSINT, toutes les informations que je peux recueillir sur mes cibles ou les entreprises au cœur de mes investigations.

Le lendemain, je me rends sur les lieux. Je trouve le bon immeuble et j'arrive à cibler l'appartement dans lequel ils sont grâce aux bacs de plantes que l'on voit sur les photographies postées par Jérémie. Au bout de quelques heures, je vois Jérémie sortir sur le balcon et fumer clope sur clope. Il parle à quelqu'un qui est à l'intérieur de l'appartement. Je me rends sur le palier pour essayer d'entendre Chloé, puis je frappe chez les voisins. C'est un père de famille qui m'accueille gentiment, avec sa femme et ses enfants. Je laisse de côté l'idée de présenter un scénario mensonger et lui parle très franchement. Je lui explique la détresse dans laquelle nous pensons que Chloé se trouve, l'angoisse dans laquelle vit sa mère depuis le début de cette relation. Le voisin se prend tout de suite d'empathie pour la mère et m'indique qu'il va m'aider de son mieux. Il a bien vu Chloé au moment de leur emménagement, mais c'était il y a plusieurs mois et depuis il ne l'a jamais revue. Il est d'accord pour dire que Jérémie est un étrange personnage, mais n'arrive pas exactement à savoir pourquoi. Il me donne aussi les coordonnées du propriétaire, que je contacte dans la foulée. Ce sont, à l'heure actuelle, nos yeux et nos oreilles. Récemment, le propriétaire a revu

Chloé car il devait se rendre dans le logement pour régler un souci. Il a tenté gentiment de savoir ce qu'elle faisait de ses journées, si elle avait un travail. Mais Chloé était complètement refermée, elle a esquivé les questions. Elle paraissait plus épuisée que méfiante. Un autre jour, c'est le voisin qui l'a croisée dans l'ascenseur. Ce sont les seuls signes de vie que la mère de Chloé a pour l'instant de sa fille. Pour une maman, c'est déjà énorme.

J'ai dû me résigner à dire à ma cliente que pour le moment, en dehors de la procédure pénale en cours, je ne peux rien faire de plus car Chloé a eu plusieurs occasions de contacter sa famille et elle ne l'a pas fait. Je comprends que la mère refuse d'abandonner son enfant et de faire une croix sur l'idée de la revoir ou de l'aider alors qu'elle est en situation de faiblesse. Mais je n'ai aucune solution à lui proposer pour sauver sa fille. Peut-on aider quelqu'un contre son gré ? Qu'est-ce qui permettra à Chloé d'avoir le déclic et de réaliser qu'elle vaut mieux que cette vie qu'elle a choisie ? Et qui sommes-nous, au fond, pour juger du chemin qu'elle doit suivre ? J'ose espérer que cette jeune femme trouvera la force de sortir de l'ombre. Pour le moment, elle n'est pas prête. Ma seule peur, et je sais que c'est aussi celle de sa mère, est qu'un jour Chloé décide de mettre fin à ses jours. Mon esprit optimiste balaie ces pensées dramatiques et préfère attendre le moment où Chloé choisira de revenir vers sa famille, où elle comprendra que l'amour ne justifie pas tout.

Chapitre 9

La bimbo et le prince charmant

C'est une mère, encore, qui s'inquiète pour son enfant... et souhaite me rencontrer en personne afin de m'exposer la situation. Je la reçois dans un bureau que je loue pour mes rendez-vous clients – cela arrive assez peu : en général je me déplace chez les gens, ou nous échangeons par téléphone.

Dominique appartient à une grande famille aristocratique. Très distinguée, elle porte un tailleur magnifique et un parfum sur lequel on doit se retourner dans la rue. Elle est venue me parler de son fils Thomas, âgé de 30 ans, qui a rencontré Sonia, une femme du même âge, cet été à Monaco. Un véritable coup de foudre, pour lequel Thomas s'est mis à dépenser sans compter. Le problème, c'est que cet argent ne lui appartient pas vraiment...

La belle vie, aux frais de l'entreprise

Thomas a le physique d'un top model, il sait s'habiller avec goût, comme sa mère, et n'a jamais travaillé de sa vie. Ses parents ont pourtant tout fait pour le mettre sur le droit chemin. Il a fait ses études dans les meilleures écoles internationales, le destinant à une grande carrière. Sauf que Thomas a deux problèmes : il a été diagnostiqué schizophrène, et il souffre par ailleurs d'une grande dépendance à la cocaïne.

Voyant que leur fils ne parvenait pas à prendre son envol financièrement, Dominique et son mari ont monté une société d'import-export international qu'ils ont mise à son nom. Ils y ont injecté une somme conséquente pour permettre à Thomas de démarrer son activité. L'objectif étant qu'il parvienne à dégager ses premiers revenus et construise son empire, brique après brique. Mais rien ne s'est passé comme prévu. Thomas a utilisé la quasi-totalité du capital de l'entreprise, soit près de 40 000 €, en dépenses compulsives pour impressionner sa nouvelle conquête. Location de yacht, achat de bijoux, déjeuners et dîners dans les plus beaux endroits... Sonia, elle-même entrepreneuse dans le domaine de la communication, et travaillant pour plusieurs marques de cosmétiques, est tombée sous le charme de celui qu'elle pense être un digne héritier. Car Thomas n'est pas du genre à être discret sur ses origines familiales. Il en joue même beaucoup plus qu'il ne le faudrait.

Trois mois après leur rencontre, Sonia lui annonce qu'elle est enceinte.

Nous sommes désormais en novembre, et depuis cet été, Thomas n'a toujours rien fait pour démarrer l'entreprise créée par ses parents. Hormis vider les comptes. J'informe ma cliente que son fils pourrait être accusé d'abus de biens sociaux en cas de contrôle fiscal... Dominique en a tout à fait conscience, mais pour le moment, son sujet d'inquiétude est ailleurs : elle se méfie de Sonia, qui a l'air d'être surtout intéressée par l'argent... Peut-être est-elle tombée enceinte pour mettre le grappin sur son fils de manière définitive ? Dominique se demande même si l'enfant est bien de Thomas, car Sonia semble avoir eu d'autres amants depuis leur rencontre.

Dominique et son mari ont été très clairs : s'ils ont offert à leur fils les meilleurs enseignements et les meilleurs soins pour sa maladie et son addiction, il est hors de question qu'ils entretiennent le couple et sa progéniture. Ils ont informé Thomas que s'ils gardaient l'enfant, ils devraient l'assumer comme des parents responsables, sans compter sur eux pour les alimenter financièrement. Thomas s'est alors insurgé en invoquant l'obligation, pour des parents, de subvenir aux besoins de leur enfant.

Dominique, déboussolée, commence par me demander conseil sur ce premier aspect. Je l'informe de l'existence, en effet, d'une obligation d'aide matérielle pour les enfants majeurs, mais avec des conditions et des limites.

L'OBLIGATION D'AIDER MATÉRIELLEMENT UN ENFANT MAJEUR

Les détenteurs de l'autorité parentale ont des droits mais aussi des devoirs envers leurs enfants, qui sont détaillés dans l'article 371-2 du Code civil. Les parents doivent notamment assurer la sécurité physique et morale ainsi que la santé de leurs enfants, mais aussi les respecter, les éduquer et subvenir à leurs besoins (nourriture, vêtements, soins) – on parle ici, entre autres, d'« obligation alimentaire ».

Dans l'affaire de Chloé, une jeune fille sous emprise (voir chapitre 7), celle-ci avait également demandé de l'argent à ses parents, de manière véhémente, en rappelant cette obligation alimentaire. Elle avait alors 25 ans, avait arrêté de plein gré ses études de musique (payées par ses parents) et décidé de vivre à Paris avec son petit ami, sans chercher à travailler pour subvenir à ses besoins. Quant à Thomas, il a pu suivre de bonnes études financées par ses parents, mais n'arrive pas à conserver un emploi plus de quelques semaines, en raison de son addiction et de son refus de prendre un traitement pour la schizophrénie. Dans ces deux situations, les parents sont-ils toujours tenus par l'obligation alimentaire ?

Pour que cette obligation s'applique à l'enfant majeur, plusieurs conditions doivent être réunies. Tout d'abord, l'enfant doit être incapable de subvenir seul à ses besoins essentiels. Ensuite, les parents doivent avoir des ressources suffisantes pour lui apporter cette aide. Enfin, l'enfant doit être sérieux dans sa démarche. Par exemple, il doit avoir suivi ses études avec assiduité et démontré qu'il est en recherche active d'emploi. Par ailleurs, c'est à lui de prouver qu'il est dans le besoin.

L'obligation alimentaire envers un enfant majeur peut être refusée ou suspendue si l'enfant rompt volontairement tout lien avec ses parents sans justification (ce qui est le cas de Chloé) ou s'il fait preuve d'une « ingratitude grave » envers eux (en les insultant ou en étant violent, par exemple). Le montant de l'aide est bien sûr proportionnel aux ressources des parents et elle prend fin quand l'enfant devient autonome financièrement.

En cas de litige, le juge aux affaires familiales (JAF) peut être saisi pour fixer ou supprimer une pension alimentaire. Parents et enfants doivent fournir des justificatifs de ressources et de besoins.

Pour l'instant, la seule chose que les parents de Thomas lui ont refusée, c'est de financer son couple et les besoins de l'enfant à venir. Dominique pensait sincèrement que lui opposer ce refus l'inciterait à faire machine arrière. Mais Thomas, fou amoureux de Sonia, est bien décidé à garder l'enfant, malgré ses propres problèmes de santé non traités et ses revenus inexistants.

Un bébé et des paillettes

Le jeune couple espérait sans doute qu'à l'arrivée du bébé, les parents de Thomas seraient assez émus pour changer d'avis. Ils se sont même mariés à la mairie, en catimini, un dimanche de printemps. Mais les parents n'ont pas lâché, et Dominique cherche désormais à lancer une procédure pour abus de faiblesse, en raison de la maladie de son fils. Que peut proposer un détective privé, dans une telle situation ? J'ai suggéré à ma cliente d'attendre de voir comment le couple allait réagir, dans les premiers mois de la vie de l'enfant, face à l'obligation de se débrouiller financièrement.

Sonia, qui pensait sûrement avoir « touché le gros lot », a rapidement déchanté en découvrant que Thomas n'avait aucun revenu personnel, que sa maladie et son addiction (qu'il refuse de traiter) l'empêchaient de trouver un emploi stable, et surtout que sa famille richissime ne les soutiendrait pas. Si elle s'était faite discrète sur les réseaux sociaux au moment de sa grossesse, elle a repris dès qu'elle a pu, dans sa vie personnelle, ses contenus habituels, notamment sur Snapchat : visites dans des lieux huppés de la capitale avec sa bande de copines – qui, pour la plupart, détiennent des comptes privés sur MyM et OnlyFans[1]. Des publications qui visent à montrer à son entourage le train de vie fastueux qu'elle mène. Ces filles s'y montrent telles des princesses, en robes moulantes ou transparentes, tenant à la main une coupe de champagne ou un sac de shopping Cartier ou Chanel. Leurs courbes ont été sculptées au bistouri et au BBL[2]. La génération de Dominique les surnommerait des « croqueuses de diamants ». Ma génération à moi les appelle plus communément des « michetonneuses » ou « michto ». Sonia n'a par ailleurs jamais affiché sa relation avec Thomas, et pour un œil extérieur, elle est un cœur à prendre...

Dans le monde judiciaire, on appelle cela « l'effet Zahia », du nom de cette jeune prostituée « offerte » au joueur de football Franck Ribéry pour un anniversaire, alors qu'elle était mineure. Comme Zahia a affiché, par la suite, une véritable réussite sociale et matérielle, cela a fait germer dans la tête de certaines femmes l'idée que vendre son corps n'était pas si grave et que la prostitution pouvait représenter un ascenseur social.

---

1. MyM et OnlyFans sont des sites où les créateurs publient du contenu réservé aux abonnés payants, souvent dans un cadre érotique, mais pas exclusivement.
2. Le BBL (Brazilian Butt Lift) est une opération de chirurgie esthétique qui consiste à prélever de la graisse sur certaines zones du corps pour la réinjecter dans les fesses afin de les rendre plus volumineuses et galbées.

Le profil de la « michetonneuse »

La « michto » est un personnage récurrent dans mes enquêtes. Le schéma classique est le suivant : un homme riche (et souvent âgé) rencontre une jolie jeune femme dans un club de striptease ou sur un site d'*escort girls*. Monsieur se montre très généreux. Madame tombe enceinte dans les premiers mois ou les premières années. Dès que la relation ne tient plus, monsieur engage un détective privé pour prouver que sa femme est infidèle. Ou bien qu'elle a pris possession de l'un de ses appartements en faisant changer toutes les serrures. Ou encore, qu'elle a volé des objets de grande valeur au moment de leur séparation. Adultère, vol ou escroquerie, voilà les enquêtes auxquelles les détectives sont conviés.

Pour couronner le cliché, Sonia a eu recours, après son accouchement, à de nombreuses opérations de chirurgie esthétique : seins, liposuccion, lèvres, nez... La femme que Thomas a rencontrée à Monaco n'a plus grand-chose à voir avec celle d'aujourd'hui. C'est après ces opérations que j'ai commencé à la surveiller. Cela pouvait être le signe qu'elle se remettait « sur le marché ». Entre-temps, Thomas avait été placé sous curatelle, avec son accord ; il avait commencé à prendre un traitement médical et à suivre une cure de désintoxication. Aveuglé par l'amour, il ne perdait pas espoir en son couple. En près d'un an d'hospitalisation, pourtant, il n'a reçu aucune visite de sa chère et tendre Sonia.

Mais on ne peut pas être sur tous les fronts : Sonia était occupée à trouver un moyen de retomber sur ses pattes, maintenant qu'elle avait en plus un enfant à charge. Elle n'oubliait pas de réclamer chaque mois toujours plus d'argent à Thomas, le menaçant régulièrement de le traîner devant les tribunaux.

Quelques observations m'ont suffi à démontrer que Sonia était en quête d'un nouveau partenaire. L'enfant était confié régulièrement à une tante qui habitait près de chez elle. Pendant ce temps, Sonia s'affichait dans les lieux chics de Paris et passait la nuit chez des hommes riches. Régulièrement aussi, elle voyageait à l'étranger, séjournant dans des palaces, partageant son quotidien luxueux sur les réseaux sociaux. Elle avait dû bloquer Thomas et ses proches et se pensait ainsi à l'abri des regards. L'insistance de ses demandes d'argent, mise en parallèle avec son train de vie et ses nouvelles conquêtes, venait ajouter des pièces au dossier de Dominique. Les paillettes pour l'une, la lutte contre l'addiction et la maladie pour l'autre.

Une réalité qui fait mal

Munie du rapport d'enquête, Dominique a pris son courage à deux mains. De la façon la plus douce et bienveillante possible, elle a commencé à faire comprendre à Thomas qu'il devait ouvrir les yeux sur cette relation qui n'était pas basée sur l'amour. Elle lui a expliqué que face à l'attitude de Sonia, elle avait mené quelques recherches sur elle et découvert qu'elle n'était pas la femme amoureuse qu'il imaginait.

Devant les preuves réunies par sa mère – captures d'écrans sur les réseaux sociaux validées par un commissaire de justice, photos de Sonia dans les bras d'autres hommes, dans des lieux idylliques, ou sortant de boutiques les bras chargés de sacs de marques… – Thomas n'a pas eu d'autre choix que de prendre conscience de la tromperie dont il était victime.

Accompagné de sa mère et de son curateur, il a témoigné dans la procédure pour soupçon d'abus de faiblesse déclenchée par sa mère. Il a également demandé le divorce.

Les deux procédures sont toujours en cours à l'heure actuelle. Thomas est retourné vivre chez ses parents, en attendant d'avoir de nouveau un appartement à lui. Sa maladie et son addiction sont surveillées de près, mais il rechute régulièrement. S'il voit son enfant seulement un week-end sur deux, il est en tout cas libéré des griffes de Sonia.

Chapitre 10

L'enfant qui ne voulait pas voir son père

Objectif de mon intervention du jour : constater les circonstances de la remise d'une fillette de sept ans à son père, dans le cadre d'une garde partagée établie par le juge des affaires familiales (JAF). Les fois précédentes, cette « passation » s'est extrêmement mal passée, c'est pourquoi la mère de la fillette a fait appel à mes services. Le dossier est lourd, l'histoire familiale complexe. Le père a été violent envers la mère par le passé. Cette dernière veut à la fois démontrer que l'enfant ne veut pas aller chez son père et le faire suivre pour s'assurer qu'il est en sécurité et que le père le traite bien. Tous les éléments que je pourrai observer seront rapportés au JAF.

C'est le type de mission que je préfère : la surveillance et la filature au service de la protection des plus vulnérables. C'est pourtant un aspect peu connu de ce métier : on ne suit pas toujours une cible dans le but de la piéger ; il arrive très souvent qu'on cherche plutôt à la protéger.

Quinze minutes de pleurs

Le père arrive en avance au rendez-vous, dans un jardin public. Je me positionne pour pouvoir filmer la scène de loin, en zoomant avec ma caméra. Je fais très attention car être surprise par des passants en train de filmer dans un parc pour enfants pourrait m'attirer des ennuis. Je serais la première à trouver ce comportement étrange si je l'observais, et à vouloir intervenir ! L'objectif est de capter la scène pour qu'aucun argument ne puisse contredire nos observations sur le déroulé de cette passation de garde. La mère dépose l'enfant quelques mètres plus loin, en restant en retrait, de sorte que la petite fille arrive seule près de son père. Elle a les bras croisés et semble contrariée.

Le père conduit la fillette jusqu'à son véhicule, garé à quelques mètres. Il ouvre la porte arrière pour l'inviter à monter. Elle se met alors à pleurer et refuse d'obtempérer. Les pleurs deviennent de plus en plus forts. À tel point qu'une mère de famille qui passe à côté, avec ses trois enfants, s'arrête pour demander si tout va bien. Moment gênant : l'inconnue reste sur place, certainement prise du doute que cet homme soit vraiment le père de la petite. Quant au père, il ne parvient pas à calmer son propre enfant… La crise va durer quinze minutes. Quinze longues minutes de pleurs continus.

Il ne s'agit vraisemblablement pas d'un caprice lambda : la petite fille semble refuser catégoriquement de passer la journée avec son père. Épuisée, elle finit par s'installer à l'arrière de la voiture, sur son siège auto. Quand le véhicule démarre, je suis déjà au volant de ma propre voiture, accompagnée d'une collègue à moto. Pendant tout le trajet, nous serons attentives au bon respect du Code de la route par le père. Dans le cadre d'une garde d'enfant, des risques pris concernant la sécurité routière pourraient tout à fait être notifiés dans un rapport. Vitesse, respect des feux et des priorités, nous veillons à tous les détails.

Après une heure de trajet, nous atterrissons à Disneyland Paris. La cliente nous avait fait part de ce programme en amont, nous avions donc réservé nos billets. Par chance, ce n'est pas un jour de forte affluence, pour la simple et bonne raison… qu'il pleut. Je me gare facilement sur le parking, gardant le véhicule du père en ligne de mire. L'entrée du parc nous vaut un moment de stress, car la foule y est tout de même très dense. Mais ils sont bien là : comme bon nombre de visiteurs, le père et sa fille sont entrés dans un magasin de merchandising pour acheter des K-Way Disney. Afin de ne pas détonner dans le décor, nous en achetons également.

En filature avec Mickey

Ce n'est pas la première fois que j'effectue une filature à Disneyland : un an plus tôt, j'avais déjà été missionnée pour y suivre une famille américaine. La mère et ses quatre enfants passaient le week-end à Paris et l'une des journées était consacrée à Disneyland. Le père, alors en voyage d'affaires, avait des doutes sur la baby-sitter française qui les accompagnait. Il se demandait notamment si elle buvait de l'alcool sur son temps de travail et si elle était vraiment « fiable ». J'avais retenu de cette mission que le parc était un endroit facile pour une filature, parce qu'il s'agit d'un lieu fermé, mais qu'on pouvait y perdre sa cible de vue à chaque instant étant donné le nombre de recoins, de boutiques et d'attractions.

Contrairement à cette famille américaine, le père et sa fille que nous suivons aujourd'hui n'ont pas de pass coupe-file pour les attractions. L'attente entre chaque activité est assez longue, ce qui nous permet de travailler à un rythme plus qu'agréable. En observant la fillette, je constate qu'au fur et à mesure de la journée, les traits de son visage s'apaisent. Si elle a passé la matinée les bras croisés, à « bouder », traînant des pieds derrière son père, après le déjeuner dans un restaurant du parc elle semble nettement plus détendue.

Au moment du goûter, quand une mascotte de Minnie s'arrête devant elle près d'un stand de gaufres, la petite fille sourit jusqu'aux oreilles et regarde son père d'un air amusé. Quelques minutes plus tard, elle se rue sur une gaufre dégoulinante de pâte à tartiner. Elle se régale manifestement et a retrouvé la légèreté des enfants de son âge. Jusqu'au moment où le père reçoit un appel et tend le téléphone à sa fille.

Je n'ai pas besoin d'avoir le retour de la cliente pour comprendre que c'est elle, en ligne avec la petite. Je vois le visage de l'enfant se refermer en quelques secondes. Un voile sombre qui la métamorphose. Elle rend le téléphone à son père et se remet en position, calée au fond de son siège, les bras croisés. Elle ne retouche pas à sa gaufre. Retour à la case départ. Le père reprend le téléphone, échange quelques mots puis raccroche. La fin de la journée approche, ils retournent à la voiture. Une heure plus tard, la petite fille rejoint sa mère en courant au lieu de rendez-vous : la cliente s'est positionnée à près de 200 mètres pour être sûre de ne pas avoir à échanger avec le père. La fillette retrouve alors le sourire qu'elle avait perdu au moment du goûter.

Quand les conflits parentaux contaminent les enfants

Les enquêtes autour des gardes d'enfant sont fréquentes car c'est un sujet qui se trouve très souvent au cœur des conflits parentaux. Les conditions de la garde imposées par le juge aux affaires familiales sont-elles bien respectées ? Il m'est arrivé d'avoir à vérifier qu'un enfant ne restait jamais seul avec son père. Le cadre imposé par la décision de justice était très strict : père et fils devaient toujours être accompagnés des grands-parents, sans quoi la garde serait retirée au père. Il se trouve que si l'enfant avait passé les trois quarts du temps dans l'appartement familial en présence des grands-parents, le père avait tout de même réalisé une balade dans l'après-midi seul avec son fils...

Dans le cas présent, la « scène de la gaufre » m'a tout de même beaucoup questionnée. Que lui avait dit sa mère pour que l'état émotionnel de la fillette change à ce point du tout au tout ? S'était-elle souvenue qu'elle n'était pas censée s'amuser en présence de son père ? Pourquoi en voulait-elle à son père, précisément ? Était-ce à cause de sa relation avec lui, ou bien restait-elle traumatisée par des scènes violentes entre ses parents, auxquelles elle aurait assisté ?

Pour tenter de répondre à ces questions, je me suis documentée sur les relations parents-enfants lors des divorces et des séparations. Je suis moi-même fille de parents divorcés. Une séparation qui n'a pas été anodine puisqu'elle s'est produite lorsque j'avais 13 ans, un âge où l'on s'interroge sur sa propre identité. J'ai écouté de nombreux podcasts sur cette thématique, lu des articles et des études de spécialistes. Pour comprendre, d'abord. Mais aussi pour être la meilleure conseillère possible. Le détective privé n'est pas seulement un exécutant de filature : il a aussi une obligation de conseil, qui est primordiale : 90 % des personnes qui contactent un détective privé ont avant tout besoin d'un regard extérieur sur leur situation.

Mon rapport d'enquête a été transmis, et l'avocat pourra l'utiliser dans la défense du dossier de ma cliente, dans les mois à venir. Les procédures sont longues, et quand il y a du nouveau sur un dossier, le détective privé n'en est pas forcément informé. La plupart du temps, l'avocat n'y pense pas, et les clients n'ont pas non plus envie de garder un lien avec le détective privé qu'ils ont engagé pour faire suivre quelqu'un. Nous ne sommes pas de bons souvenirs, en général ! Je ne sais pas ce qui a été décidé pour la garde de cette fillette. Ce que j'ai constaté de mon côté, c'est que son père s'en occupait bien. Mon intuition est que la mère avait besoin de se rassurer en faisant suivre sa fille et que nos constatations n'ont rien changé au mode de garde de l'enfant.

LE CONFLIT DE LOYAUTÉ EXPLIQUÉ À MES CLIENTS

Quand une affaire de divorce arrive sur le bureau d'un détective privé, c'est que les parents sont en très mauvais termes. Parfois, ils ne se parlent quasiment plus qu'à travers leurs enfants. J'ai vu, à de nombreuses reprises, des parents aller à la pêche aux informations sur leur ex-compagnon en cuisinant leurs enfants. Ou pire, prétexter l'appel d'un enfant à son parent absent pour tenter de voir où était l'ex-époux et ce qu'il faisait.

En ligne, j'ai déjà eu une maman dont l'époux cumulait alcoolisme, conduite en état d'ébriété et adultère. Elle n'avait pas encore lancé la procédure de divorce. Cette épouse n'avait plus aucune estime pour celui avec qui elle s'était mariée vingt ans plus tôt, et qu'elle avait vu sombrer dans l'alcoolisme. Elle passait son temps à le critiquer auprès de moi et de son avocate, ce qui est normal ; mais un jour, elle m'a rapporté les propos qu'elle tenait à ses deux enfants de huit et dix ans au sujet de leur père. Bien sûr, je ne suis pas psychologue, mais j'ai tenu à lui expliquer qu'il serait préférable, pour le bien-être de ses enfants, qu'ils n'entendent pas à longueur de journée que leur père est un raté et un incapable ou encore qu'il n'en a rien à faire de sa famille...

La loyauté est une qualité morale qui se traduit par le dévouement envers une personne ou une cause. Le conflit de loyauté apparaît quand un enfant, lors d'une séparation conflictuelle, a l'impression d'avoir à prendre parti pour l'un de ses parents. Cela provoque chez lui une réelle souffrance, même s'il ne peut l'exprimer envers le parent qu'il pense devoir « défendre » et « protéger ». Ce conflit peut être particulièrement exacerbé, au point que l'enfant rejette l'autre parent, refuse de le voir ou de lui parler. Le rejet de l'enfant est-il compréhensible ou irrationnel ?

Ce conflit de loyauté a évidemment des conséquences néfastes sur les enfants : repli sur soi, perte d'appétit, décrochage scolaire, colères inexpliquées, maux de ventre... Critiquer le parent d'un enfant, c'est critiquer une partie de lui-même. En général, quand j'aborde ce sujet avec un parent qui m'a confié une enquête liée à la garde d'enfant ou l'adultère, il voit toujours la manière dont l'autre parent génère ce conflit de loyauté auprès de ses enfants.

Il ne voit jamais que… lui aussi prend part au jeu. Chaque parent pense qu'en disant une « vérité » sur l'autre parent, il rend service à ses enfants, en quelque sorte. Alors que leur rendre service, ce serait plutôt les laisser en dehors des conflits et les encourager à entretenir une bonne relation avec chacun de ses parents, en gardant de l'estime pour eux deux.

Chapitre 11

Tout quitter sans un mot d'adieu

Voici un mystère qui m'a longtemps obsédée. Encore aujourd'hui, je me demande quel détail nous a échappé, à côté de quel indice nous sommes passés, pour ne pas être parvenus à résoudre cette affaire.

Nous avons été mandatés, un bénévole de l'ARPD et moi-même, par Annie, une dame de 71 ans qui souhaitait retrouver sa belle-fille, Clémentine, disparue dix ans plus tôt. Ce n'était pas pour elle qu'elle lançait cette recherche, mais pour ses petits-enfants, deux jeunes hommes âgés de 18 et 20 ans. Annie était consciente que l'absence inexpliquée de leur mère, les questions qu'elle continuait de soulever, entravaient leur épanouissement. Dans cette histoire, tout laissait penser que Clémentine était partie de son plein gré, mais personne ne savait pourquoi.

Annie nous avait prévenus d'emblée : son fils, l'ex-époux de Clémentine, ne voulait plus entendre parler de cette disparition et ne participerait pas aux recherches. Il avait été profondément affecté par le départ de sa femme, et plus encore par le chagrin de ses deux enfants, alors âgés de huit et dix ans. Dix ans après les faits, le mariage avait été dissous, comme le permet la loi passé un certain délai. Le père voulait tourner la page.

À la lecture du dossier, un tourbillon de questions s'est imposé à moi : qu'est-ce qui pouvait pousser une femme à quitter les siens ? Comment peut-on abandonner ses enfants, en ayant pleinement conscience de la douleur que cela va provoquer ? Pourquoi ne pas, au moins, leur laisser quelques mots, une explication pour qu'ils puissent avancer, eux aussi ? Il était encore trop tôt pour formuler des hypothèses, mais je crois que c'est le dossier pour lequel j'ai envisagé le plus de pistes possible.

Si Clémentine est partie sans laisser de traces, son éloignement n'a pas été brutal. Il s'est amorcé doucement, progressivement. Même si à l'époque, personne n'imaginait que ses déplacements professionnels masquaient une disparition en préparation. La famille vivait à Paris, mais à partir de 2011, Clémentine a multiplié les allers-retours dans le sud de la France, où elle suivait une formation universitaire en généalogie. Ses retours se sont faits de plus en plus rares. Puis, en 2013, elle n'est pas revenue. Elle s'était faite discrète dans les derniers mois : son mari ignorait jusqu'à l'adresse exacte où elle logeait durant ses séjours. Tout ce qu'il savait, c'est qu'elle vivait chez « une amie ».

Des années plus tard, Clémentine avait appelé son fils aîné, au moment des résultats du bac, pour savoir s'il l'avait obtenu. Il l'avait envoyée promener, furieux qu'elle ose prendre de ses nouvelles après un aussi long silence. Comment pouvait-elle faire comme si de rien n'était ? Ce fut le dernier contact connu.

Mille scénarios échafaudés

Clémentine, passionnée de généalogie, avait mené de nombreuses recherches sur ses origines familiales. D'après Annie, elle avait même retrouvé la trace d'une cousine éloignée en Bolivie. Les informations étaient floues, ces éléments dataient d'il y a dix ans. Très vite, les questions ont afflué. Avait-elle découvert quelque chose dans son arbre généalogique qui l'avait bouleversée ? Était-elle partie rejoindre cette cousine pour poursuivre ses recherches ? Cela expliquerait l'absence de toute trace d'elle en France. Mais cette hypothèse nous plongeait dans l'incertitude : nous n'avions aucun contact là-bas, et aucun point de départ pour la chercher.

J'ai relancé Annie pour savoir si elle se souvenait d'éléments supplémentaires. Par exemple, quelles étaient les relations de Clémentine avec ses parents. Elle m'a appris qu'un lien avait subsisté avec la mère de Clémentine, par e-mail, quelques années après la disparition. Cette dernière l'avait informée du décès d'une vieille tante. Deux ans plus tard, le père de Clémentine était mort à son tour. La mère avait alors tenté de joindre sa fille, mais Clémentine n'avait jamais répondu. Face à ce silence, la mère avait même publié un avis de décès dans la presse, dans l'espoir que sa fille le lise. Pas de nouvelles. Avait-elle fui assez loin pour ignorer la mort de son propre père ? Était-il déjà trop tard, à ses yeux, pour revenir ?

Clémentine était très active en ligne. C'était une vraie geek. Les recherches OSINT m'ont pris des heures. J'ai retrouvé des fragments de son ancienne vie un peu partout : forums, sites personnels, plateformes spécialisées. Son adresse e-mail semblait encore active. Sur différents sites de généalogie, elle avait un compte, mais plus aucune connexion depuis plusieurs années.

Sa famille m'avait confié une vieille carte de visite sur laquelle figurait un site Internet. Il n'était plus en ligne. Grâce à la WayBack Machine, un outil qui permet de visualiser un site Internet dans sa forme antérieure, parfois sur dix ou quinze ans, j'ai pu explorer ses anciennes pages. J'ai passé en revue toutes les images, examiné leurs métadonnées. Mais ces traces ne parlaient que de la Clémentine d'avant. Aucune piste vers sa vie d'après, ces projets d'évaporation ou de potentielles nouvelles lubies.

Sur Facebook, j'ai contacté des dizaines de personnes portant son nom – un nom courant, malheureusement. En France, à l'étranger. Un jour, je suis tombée sur le profil d'un homme qui avait commencé à publier des photos au moment même où Clémentine disparaissait. La coïncidence m'avait intriguée. Était-ce mon imagination ? Ou bien… une intuition ? J'avais cru reconnaître certains de ses traits. Et si Clémentine avait changé de genre ? Et si cette mère de famille avait entamé une transition pour devenir un homme ? Cela expliquerait une rupture aussi nette avec ses proches. Le soir de la découverte, j'étais fiévreuse d'excitation. J'ai partagé la trouvaille avec mon binôme. J'ai contacté l'homme en question. Sans réponse. Comme 90 % de mes tentatives sur Facebook, le message est parti dans les limbes, ce dossier secondaire dans lequel se logent les messages de parfaits inconnus. Autant dire : une bouteille à la mer.

Nous avons interrogé ses proches pour trouver des pistes : avait-elle évoqué un intérêt pour une spiritualité nouvelle ? Pour une communauté, une croyance alternative ? Nous avons tout imaginé : Clémentine vit dans une communauté spirituelle prônant la déconnexion ; Clémentine sirote une caïpirinha en Bolivie avec sa cousine ; Clémentine vit recluse avec un nouvel amour, quelque part en France.

Les hypothèses, c'est bien. Mais une enquête se nourrit de faits. Annie et ses petits-enfants, eux, se moquaient de nos constructions mentales. Ils attendaient des réponses. Six mois plus tard, nous n'avions absolument rien de tangible à leur apporter.

Ne reste que l'incompréhension...

J'ai eu beaucoup de difficulté à lâcher ce dossier. Quand les responsables de l'ARPD ont suggéré de le clôturer, faute d'éléments, je me suis un peu rebellée. Ce n'était pas une question d'ego, ni même de frustration. C'était de la tristesse. Tristesse de ne rien pouvoir offrir à ces deux jeunes hommes. Tristesse de ne pas pouvoir mettre de mots sur ce vide. Mais il a bien fallu se rendre à l'évidence : nous n'avions aucun moyen de savoir où était Clémentine. Ni ce qu'elle était devenue.

Les disparitions volontaires de mères de famille interrogent nos représentations. Elles dérangent, car elles viennent heurter un récit social puissant : celui de la maternité sacrificielle, du lien maternel indéfectible. Lorsqu'une femme s'évanouit dans la nature, sans prévenir, sans se retourner, ce n'est pas seulement un mystère individuel : c'est une transgression collective. On pardonne encore moins à une femme de quitter son foyer qu'à un homme. Elle choisit l'oubli, quand tout le monde attend d'elle la présence. Et nous restons là, face à une absence que l'on ne sait pas affronter autrement que par l'incompréhension.

Chapitre 12

Escroquerie sur personne vulnérable

Il n'y a rien qui me révolte plus que les abus perpétrés sur des personnes vulnérables. Les enfants, en premier lieu. Les personnes fragiles ensuite – porteuses de handicap, souffrant de troubles psychiatriques, etc. Les personnes âgées, enfin. Souvent isolées, elles sont la cible de vautours assoiffés d'argent. C'est la raison pour laquelle j'ai tout de suite accepté le dossier de mon nouveau client : il voulait protéger sa mère, une femme âgée de 75 ans, atteinte de la maladie d'Alzheimer depuis plusieurs années.

Sa sœur et lui s'inquiètent pour cette mère qui vit en Bretagne, à plusieurs centaines de kilomètres d'eux, tous deux domiciliés à Paris. Ils gardent l'espoir qu'elle continue à vivre dans sa maison de toujours, tant qu'elle le peut et selon son souhait. Ils tentent de retarder au maximum le moment de la placer dans un établissement spécialisé de type EHPAD. Pensant bien faire, ils ont « cadré » sa vie en employant une aide-ménagère à domicile. Ainsi, la maison reste en bon état et leur mère bénéficie d'une présence régulière qui les rassure.

Aide-ménagère ou profiteuse ?

Au téléphone, mon client m'explique qu'ils soupçonnent cette employée de ne pas respecter les horaires mentionnés dans le contrat, à savoir quatre heures deux fois par semaine. Ce n'est pas leur mère qui les a alertés. Celle-ci ne se plaint jamais de rien. C'est une de ses amies, venue lui rendre visite de manière inopinée, qui a noté que l'aide-ménagère n'était pas présente à une heure où elle aurait dû l'être. Un détail peut-être anodin. Peut-être pas.

Plus alarmant, les enfants, qui ont une procuration sur le compte de leur mère, ont remarqué, depuis plusieurs mois, des retraits réguliers de 200 € qui n'ont pas d'explication logique : elle vit très modestement et la plupart de ses frais sont pris en charge par ses enfants. Le client m'explique avoir appelé l'agence bancaire où sont effectués les retraits, pour savoir s'ils avaient remarqué quelque chose d'étrange. Un conseiller a en effet assisté à une scène dérangeante : un jour, la vieille dame était venue retirer de l'argent au guichet parce que le retrait à la borne lui avait été refusé. Elle était accompagnée d'une dame plus jeune, qui semblait lui murmurer des choses à l'oreille. L'accompagnante s'était énervée quand l'employé de banque avait confirmé que le retrait était impossible en raison des plafonds déjà atteints à la suite d'autres retraits de la cliente.

Le fils était bouleversé et souhaitait porter plainte contre cette aide-ménagère, non seulement dans le but de la licencier pour faute lourde, avec des preuves de son absence en dehors des heures prévues, mais aussi pour abus de faiblesse. C'était une question d'honneur : il ne voulait pas laisser passer cette ignoble escroquerie contre sa mère fragilisée par la maladie.

Recueillir d'autres preuves ou stopper net ?

Je choisis de contacter une détective privée de mon réseau qui habite en Bretagne. Nous convenons de deux jours d'observation, calés sur le planning de travail de l'aide-ménagère.

Le premier jour, l'aide-ménagère est bien présente au domicile, mais elle part deux heures plus tôt que prévu. Le deuxième jour, elle ne vient même pas. La détective constate que la vieille dame est sortie de chez elle, seule, pour faire ses courses.

Ces preuves sont largement suffisantes pour mettre fin au contrat avec l'aide-ménagère. Mais pour le volet « abus de faiblesse », seuls peuvent être réunis, pour le moment, les relevés bancaires et le témoignage du conseiller qui a attesté de la présence de l'aide-ménagère aux côtés de la vieille dame pour retirer de l'argent. Il faudrait en recueillir d'autres preuves plus évidentes.

Mon client n'aura pas le courage d'attendre pour mettre fin à cette présence néfaste. La simple confirmation que sa mère était livrée à elle-même, sans l'accompagnement prévu, l'a incité à agir vite. Je comprends amplement cette réaction. D'autant qu'on ne sait absolument pas comment l'aide-ménagère se comportait avec cette dame lorsqu'elles étaient ensemble. Impossible de prendre le risque d'éventuels mauvais traitements.

C'est malheureux à dire, mais les enquêtes pour abus de faiblesse étant longues et fastidieuses, leurs auteurs agissent souvent en toute impunité : les condamnations sont rares car les éléments sont difficiles à réunir. Quand on les interroge, les suspects évoquent généralement un accord tacite, et il est compliqué d'apporter la preuve du contraire. Alors, bien souvent, quand il s'agit de personnes âgées, les dossiers de plainte disparaissent avec le décès de la personne qui a été manipulée…

Chapitre 13

Premiers feuillets d'une trame romanesque

Un an après le lancement de mon activité, j'ai accordé une interview à Konbini, un média de vidéos en ligne. À l'époque, j'étais membre active d'un syndicat qui représente et défend la profession de détective privé, le SNARP, et je gérais avec un jeune confrère toute la partie communication. Konbini nous a donc contactés spontanément. Mon confrère avait déjà réalisé une interview pour Brut, un média concurrent, quelques mois plus tôt. Il leur fallait un nouveau visage. C'est ainsi que je me suis retrouvée face aux journalistes – ne me sentant pas du tout légitime pour parler au nom d'une profession que j'avais intégrée il y a peu. Quelques jours avant le tournage, on m'a annoncé que je ne pourrais pas porter de masque chirurgical, comme je l'espérais. Dans la précipitation, j'ai acheté une perruque brune bon marché et décidé d'y ajouter une casquette. Je voulais adopter un look complètement différent de celui que j'utilise pendant mes filatures.

De cette aventure, je retiens une leçon importante qui m'a permis de passer outre les commentaires désagréables des *haters* et les ricanements de certains confrères : c'est grâce à cette vidéo que j'ai décroché plusieurs missions passionnantes. Alors que je craignais d'avoir laissé transparaître mon manque d'expérience – syndrome de l'imposteur, quand tu nous tiens ! – j'étais au contraire apparue aux yeux de certains spectateurs comme une professionnelle novatrice et connectée avec son temps. Les personnes qui m'ont confié des dossiers après avoir visionné cette vidéo l'ont fait en se disant que j'aurais sans doute des méthodes plus modernes. C'est ainsi que l'on m'a fait une demande assez particulière : une maison d'édition m'a contactée pour que je réalise des recherches généalogiques au profit d'une de ses autrices, Karine B. Cette dernière comptait se lancer dans l'écriture d'un livre-enquête, mais, alors très occupée par la promotion de son dernier ouvrage, elle manquait de temps à consacrer à ces recherches. Elle avait aussi besoin d'un regard extérieur : le sujet était sensible et elle se sentait paralysée à l'idée de s'y mettre sérieusement.

Plongée en milieu littéraire

Le rendez-vous a été pris avec l'éditrice et l'autrice en question – qui est une star dans son milieu. Elle arrive comme il se doit avec trente minutes de retard, entre dans le bureau de l'éditrice, me salue et allume aussitôt une cigarette. Je saisis d'emblée que c'est un personnage haut en couleur, qui ne tergiverse pas avec ses émotions. Elle nous raconte les péripéties de sa matinée, plutôt pour nous amuser que pour justifier son retard.

Puis elle entre enfin dans le vif du sujet. Sa mère, Simone D., née en 1950, aujourd'hui décédée, a été adoptée dans un orphelinat en Algérie, à l'âge d'un an par un couple de Français, dont l'homme était soldat. Ils ont vécu seulement quelques années en Algérie, avant de rentrer en France, mais Karine ne dispose pas de plus d'informations sur eux. Petite, sa mère a passé quelques années dans un sanatorium, car elle avait des problèmes de santé. Elle a ensuite eu une adolescence un peu tumultueuse et s'est trouvée aux prises avec certaines addictions. « Elle m'a eue très jeune, à l'âge de 20 ans, mais mes parents se sont rapidement séparés et c'est principalement mon père qui m'a élevée. J'ai retrouvé quelques carnets où elle a noté des bribes de sa vie. J'aimerais écrire un livre, sous la forme d'une enquête, pour savoir qui elle était. Pourriez-vous m'aider ? »

Le projet rassemble à peu près tous les éléments qui me touchent : la quête d'identité, la recherche de preuves et la reconstitution de faits, la valorisation du passé pour mieux comprendre le présent, et en bonus, le travail d'écriture et de création qui en découlera. Je suis plus qu'honorée que ces deux femmes m'aient contactée. Je n'ai jamais fait de recherches sur l'Algérie mais cela m'interpelle, car une partie de ma famille maternelle a un lien avec l'histoire de ce pays. Je sais déjà que je vais beaucoup m'investir dans cette enquête.

Lorsque je revois Karine pour débuter la mission, je recueille les éléments qui sont en sa possession et l'incite à me raconter tout ce qu'elle sait. Cette fois, je me permets de l'interrompre et de lui poser des questions précises sur chaque détail de son histoire. Cela me permet d'anticiper toutes les pistes qui pourront être creusées. De retour chez moi, je prépare un devis que je transmets à la maison d'édition – il est validé immédiatement. Une fois le dossier créé et les contrats signés, je pars en quête de cette fameuse Simone, qui va devenir ma nouvelle obsession pendant quelques mois.

COMBIEN COÛTE UN DÉTECTIVE PRIVÉ ?

Les tarifs d'un détective privé en France varient en fonction de plusieurs critères : la complexité de l'affaire, la durée de la mission, la zone géographique, et surtout le temps passé sur le terrain ou en recherches. Contrairement à une idée reçue, les détectives ne sont pas tous réservés à une clientèle aisée. De nombreuses agences proposent des prestations adaptées à des budgets variés, avec des modalités de facturation souples.

TARIFICATION HORAIRE

La plupart des détectives facturent à l'heure, avec un tarif généralement compris entre 70 € et 150 € HT de l'heure. Ce tarif peut inclure ou non les frais de déplacement, de rapport, ou de matériel (appareils photo, outils de surveillance, etc.). Des villes comme Paris nécessitent souvent l'intervention de plusieurs agents.

Pour des enquêtes de l'OSINT, par exemple, ou des recherches de personnes, un tarif horaire peut aussi être proposé : le nombre d'heures passées sur le dossier est défini à l'avance par le client, qui garde la main pour rajouter, éventuellement, de nouvelles heures de recherche.

FORFAITS

Certains professionnels proposent des forfaits pour des missions définies : filature de quatre heures, enquête administrative, recherche de débiteur, etc. Ces forfaits varient entre 300 et 1 500 €, selon les objectifs. Les forfaits permettent de cadrer le budget dès le départ, mais ne conviennent pas toujours aux affaires évolutives.

AUTRES FRAIS

Les honoraires ne comprennent pas toujours les frais kilométriques, les frais d'hôtel ou de restauration (dans le cas de filatures longues ou en province), ni les frais spécifiques (recherches approfondies, frais administratifs). Ces éléments sont détaillés dans le contrat de mandat, qui est obligatoire.

Le détective privé facture le temps et les moyens mobilisés, dans un cadre légal strict. Les missions donnent lieu, la plupart du temps, à un devis préalable, souvent gratuit. Il est astreint à une obligation de moyens et non de résultat, ce qui est détaillé dans le contrat soumis au client. Le contrat précise également l'objet de la mission et son cadre juridique.

Un acte de naissance très précieux

Comme très souvent dans mes recherches de personnes, qu'elles soient décédées ou supposées vivantes, je fais une demande de copie de l'acte de naissance auprès de l'administration concernée. En temps normal, il s'agit de la mairie du lieu de naissance, mais comme Simone est née en Algérie, j'effectue cette demande auprès du Service central d'état civil du ministère de l'Europe et des Affaires étrangères, qui gère les actes d'état civil des Français nés à l'étranger ou dans un État devenu indépendant. Je leur transmets le contrat de mandat qui me lie à l'écrivaine, ainsi que son livret de famille, prouvant sa filiation avec Simone D.

Deux semaines plus tard, je reçois le document. Je vais y puiser une série d'informations qui me permettront de demander d'autres actes. Il y a beaucoup de similitudes entre les recherches généalogiques et les méthodes OSINT. En effet, la méthode OSINT repose sur le principe du « pivot », qui désigne le fait d'utiliser une information afin d'en obtenir une autre. En généalogie, c'est pareil : on demande un acte d'état civil qui va donner l'accès à d'autres documents, et ainsi de suite. Sur la naissance proprement dite, je n'apprends rien que je ne sache déjà. Mais les mentions marginales du document vont être bien plus intéressantes : ce sont des informations ajoutées en marge de l'acte pour signaler des événements juridiques importants survenus après la naissance, comme un mariage, un divorce, une reconnaissance, un changement de nom ou de sexe… Je vais ainsi découvrir l'arrondissement parisien où Simone est décédée, et surtout, les informations liées à son mariage et à son divorce d'avec le père de Karine.

Karine m'avait prévenue : son père, toujours vivant, ne collaborerait pas à ce projet. D'abord, parce qu'il estimait avoir dit à sa fille tout ce qu'il savait sur Simone. Ensuite, parce qu'il était pour lui très douloureux de parler de ce premier mariage. Il soutenait Karine dans ses démarches, mais préférait rester en dehors de cela. Il est vrai que les recherches sur le passé ne sont pas vécues de la même manière par tous les membres d'une famille. Il y a ceux qui aimeraient faire table rase et ceux qui au contraire ont besoin d'aller fouiller dans leurs origines pour appréhender l'avenir plus sereinement.

Munie des informations récoltées sur le précieux acte de naissance concernant les lieux du décès, du mariage et du divorce, je sais maintenant vers quelles mairies me tourner pour demander les actes de décès et de mariage de Simone. L'acte de décès me renseigne sur le lieu où elle habitait : l'appartement qu'elle partageait avec le père de Karine. Mais cette dernière m'indique qu'il ne sert à rien d'aller creuser là-bas. Elle est en revanche très étonnée d'apprendre que le métier de sa mère a été précisé sur le document : « secrétaire d'édition ». Karine sait que son père, qui est comme elle écrivain, avait trouvé pour sa mère un petit job freelance dans une maison d'édition, avant qu'elle ne sombre complètement dans la drogue. Sur l'acte de mariage signé quinze ans plus tôt, elle était présentée comme « sans profession ». Les parents de son mari y sont mentionnés, mais pas les siens. Simone a bien été adoptée, mais après ses passages au sanatorium, il semblerait que ses parents adoptifs l'aient eux aussi abandonnée. Du moins, c'est à partir de là que leur trace s'efface. Ce deuxième abandon pourrait-il expliquer l'extrême vulnérabilité dans laquelle s'est trouvée la jeune femme après la naissance de sa fille ? « Moi, elle m'a abandonnée quand j'avais 5 ans. Mais je ne lui en veux pas, étant donné son histoire familiale... »

Remonter le fil depuis les archives de l'AP-HP

L'adresse du lieu de décès de Simone est celle d'un hôpital à Paris. Je décide de me rendre aux archives de l'AP-HP, situées dans l'enceinte de l'hôpital Bicêtre, dans le Val-de-Marne.

J'effectue quelques recherches sur le site des archives et je prends rendez-vous en indiquant les références des documents que je souhaite consulter.

Les lieux qui abritent des archives me fascinent : tant d'histoires réunies en un seul endroit ! Sur les murs du couloir qui mène à l'accueil, d'immenses photographies sont placardées : une affiche datant de 1964 qui promeut le concours pour devenir « aide-radiologiste » ; une image en noir et blanc de la salle commune de la maternité de Cochin, prise en 1932 ; la reproduction d'un tableau d'Isidore Pils datant de 1853, intitulé *La Prière des enfants teigneux*.

Je me présente à l'accueil en précisant de nouveau les cotes des documents recherchés. On m'apporte un grand registre des décès, avec l'année inscrite sur un papier scotché à la couverture : 1987. Chaque page contient les informations liées à quatre ou cinq personnes différentes. Les décès sont classés par ordre chronologique : je cherche donc la date du décès de Simone. Je photographie chaque étape : le registre en entier, puis l'encadré concernant la mère de Karine. Je veux qu'elle puisse ressentir les choses comme si elle l'avait feuilleté elle-même. Karine apprendra ainsi la cause médicale exacte du décès de sa mère. Mais surtout, face à cet extrait de registre, elle aura pour la première fois l'impression d'entrer en contact avec elle.

À ce moment-là, je pense que mon enquête est sur le point d'aboutir, mais la mandante souhaite que je creuse autour des parents adoptifs de sa mère. Elle veut les réponses que Simone n'a pas pu obtenir de son vivant. Je la préviens que cette tâche sera complexe car les informations sur ce couple sont parcellaires. Un prénom pour la mère, « Sylvianne », trouvé dans les écrits de Simone que Karine a gardés. Un nom et un prénom pour le père, tous deux extrêmement communs – on n'est pas loin du « Jean Dupond » – ainsi qu'une profession : « soldat pour l'armée française ». Il a notamment vécu en Algérie jusqu'en 1954. Quelques mois plus tard, Simone est entrée au sanatorium dans un coin reculé du centre de la France. Karine le sait puisqu'elle s'est déjà rendue sur les lieux afin d'y glaner quelques informations. Sur le registre des entrées et sorties qu'elle a pu consulter et photographier figurait une adresse à Paris. Je m'y rends courant 2022, mais n'apprendrai rien, à part que les immeubles appartiennent à la ville de Paris et ont donc dû être à l'époque proposés aux soldats de retour sur le territoire. Aucun voisin, pas plus que la concierge, ne se souvient du couple ou du soldat en question

Sur Facebook, je découvre un groupe dédié au sanatorium, comptant de nombreux contributeurs qui y partagent le souvenir de leur passage et des photographies d'époque. Je contacte bon nombre d'entre eux et leur demande si le nom de Simone D. leur dit quelque chose, ou s'ils ont d'autres photographies datant des années où elle s'y trouvait. En vain.

J'ai remué ciel et terre pour retrouver ce père soldat mais sans date de naissance, toutes les demandes lancées aux archives des armées me sont revenues négatives. J'ai fouillé dans les archives de Paris, les registres des matricules de recrutement, les listes de recensement… J'ai demandé des extraits d'actes de naissance et de mariage, ainsi que les actes de décès de tous les homonymes dont les âges pouvaient correspondre. Les extraits d'acte de naissance et de mariage, sans filiation, sont accessibles à tous, sans justification. Les actes de décès sont aussi entièrement publics. J'ai contacté tous les hommes portant ce nom sur Facebook en leur demandant si leur grand-père ou arrière-grand-père avait été soldat, avait vécu en Algérie et aurait adopté une petite fille. J'ai presque cru avoir atteint mon but en discutant avec le fils d'un général de l'armée française qui avait vécu en Algérie à cette période. Je suis entrée en contact avec lui via la messagerie d'un site de généalogie où il avait fait un grand nombre de recherches. Malheureusement, si son père avait contracté plusieurs mariages, le prénom « Sylvianne » ne lui disait rien. Il n'avait pas non plus vécu à Paris. J'ai refermé cette porte de plus, jusqu'à ne plus en avoir à ouvrir.

Parfois, on ne trouve tout simplement pas ce que l'on cherche, et il faut savoir mettre un terme à l'enquête, même si c'est très frustrant. Karine avait en tout cas suffisamment de matière pour commencer son récit. Il lui restait d'autres pistes à creuser, des proches de la famille à interroger, des lieux à visiter... Le livre n'a pas encore été publié à ce jour, mais sans doute est-il en train de faire son chemin dans l'esprit de l'écrivaine.

Chapitre 14

Sous le pont coule la Seine...

Un soir d'hiver, Christophe, 39 ans, ne rentre pas chez lui après le travail. Le lendemain, ses collègues de bureau, ne le voyant pas arriver et ne parvenant pas à le joindre, contactent sa colocataire, une femme de 27 ans prénommée Ingrid. Ensemble, ils décident d'informer la police de cette absence inquiétante. À peine vingt-quatre heures après sa disparition, la police constate que le téléphone de Christophe n'émet plus.

C'est Olivier, un ami du disparu, qui demande l'aide de l'ARPD pour les recherches. L'association me transmet le dossier avec toutes les informations nécessaires. Je vais travailler en binôme avec Bénédicte, une femme incroyable qui donne également de son temps à une autre association dont le but est d'aider des femmes à sortir de la prostitution.

Au moment où nous commençons les investigations, la disparition date d'une semaine. Nous nous répartissons les personnes à interroger d'urgence : amis proches, collègues, personnes qui ont vu Christophe pour la dernière fois... J'appelle Olivier en premier lieu, car il y a des informations troublantes dans le dossier qu'il a rempli pour l'ARPD. Il a notamment écrit que Christophe aurait des tendances suicidaires et qu'il aurait été, depuis de longs mois, sous l'emprise toxique de sa colocataire.

Une coloc' et beaucoup de rumeurs

Dix ans auparavant, Christophe a pris sous son aile Ingrid, qui était à l'époque une jeune femme très instable. De fil en aiguille, elle est venue habiter chez lui, et ils se sont installés officiellement en colocation. Ils ont eu quelques aventures ensemble, mais n'ont jamais été en couple, il s'agissait plutôt du réconfort que s'apportent des amis à la dérive. Olivier s'est rendu compte, au fil des années, qu'Ingrid n'était pas quelqu'un de fiable : elle ment constamment et ce serait à cause d'elle que son ami Christophe aurait sombré dans la dépression. « Elle lui rend la vie infernale. Elle le rabaisse en permanence. Christophe est un gars très gentil qui s'est mis en tête de sauver cette fille. Il est toujours en train de la plaindre alors qu'elle le maltraite, cela fait peine à voir. Par exemple, depuis quelque temps, elle lui interdit d'être présent dans l'appartement entre 7 h 30 et 23 heures parce qu'elle a installé sa chambre dans le salon. » Et puis, quand un ami de Christophe, Roland, a accompagné Ingrid au commissariat pour signaler la disparition de Christophe, elle lui a dit une chose vraiment déplacée : « Qui va payer le loyer, maintenant ? »

Au cours de notre enquête, nous allons confirmer, témoignages à l'appui, que cette colocataire lui rend la vie dure. Christophe a confié à l'une de ses collègues de bureau qu'il n'avait pas le droit de se laver chez lui. Le patron du bar qui se trouve en bas de l'immeuble décrit la même situation ubuesque : « Christophe venait régulièrement ici et je lui ouvrais la porte des toilettes dont l'accès se fait par la cour ; il m'a dit qu'il ne pouvait pas aller aux toilettes chez lui. » Ce barman connaît également la fameuse Ingrid. « Elle venait souvent ici, il y a quelques années, mais elle finissait toujours par créer des histoires avec les autres clients. Je me suis disputé avec elle, ma femme aussi, et depuis elle n'est jamais revenue. »

Ingrid n'a répondu à aucun de nos appels, et lorsque nous avons sonné à la porte de l'appartement, espérant avoir accès aux affaires du disparu, elle ne nous a pas ouvert. Nous avons pourtant constaté des mouvements à travers la fenêtre qui donne sur la rue.

À ce stade, nous regrettons un détail : la seule personne qui a échangé avec la police, celle qui a déposé plainte pour disparition, est justement cette Ingrid. Roland l'avait accompagnée au commissariat le lendemain de la disparition, mais il n'a pas pu entrer dans le bureau avec les policiers. Résultat : personne ne sait exactement ce qui a été dit aux agents, et surtout, Ingrid est leur contact de référence, elle est donc la seule à recevoir les informations sur le déroulé de l'enquête.

Nous prenons avec des pincettes ce qui se dit sur elle, mais tous les amis et collègues de Christophe parlent d'une relation « toxique » ou « d'emprise ».

À demain...

La dernière personne à avoir vu Christophe est une de ses collègues. Ils sont rentrés ensemble, comme ils le faisaient régulièrement, et au moment de se séparer, la collègue lui a dit « à demain », ce à quoi Christophe n'a pas répondu. Elle précise qu'il avait les larmes aux yeux. Elle lui a adressé des paroles réconfortantes : « Allez, sois pas triste, on t'aime nous, tu sais. » Il était d'humeur mélancolique, mais comme cela faisait des années qu'il était ainsi, elle n'a pas vu de signal particulièrement alarmant dans son état. Elle lui a demandé ce qu'il allait manger et ce qu'il comptait faire de sa soirée. Christophe a répondu qu'il dînerait au McDo, « comme d'hab' », et qu'après il irait certainement au cinéma pour passer le temps.

Nous contactons l'AP-HP, mais Christophe n'a pas été admis dans l'un des hôpitaux de Paris, ou en tout cas, personne ne ressemblant à sa description. Nous interrogeons d'autres collègues, à la recherche de détails qui pourraient nous être utiles. L'une d'elles, également proche du disparu, nous rapporte que sa colocataire aurait porté plainte contre lui. Christophe ne savait pas quel était le motif de cette plainte, ni si elle l'avait vraiment fait, mais d'après elle, cette épée de Damoclès avait achevé moralement son collègue. « Il était pétrifié à l'idée d'aller en prison. Elle lui rabâchait tous les jours qu'il allait "payer". Il n'en dormait plus la nuit. »

Christophe s'est-il suicidé ? Sa colocataire en sait-elle davantage que ce qu'elle veut bien dire ? Pourquoi ne nous répond-elle pas ? Quelques jours plus tard, plusieurs amis de Christophe, paniqués, m'informent que la ligne téléphonique d'Ingrid n'est plus en service. Olivier, l'ami qui a mandaté l'ARPD, veut déposer plainte. Je rédige, dans la nuit, un rapport d'enquête réunissant tous les témoignages dont nous disposons, et je l'envoie au policier en charge du dossier. En parallèle, Olivier dépose sa version des faits entre les mains des forces de l'ordre, pour contrebalancer celle d'Ingrid, qui ne donne désormais plus signe de vie.

Peu de temps après, l'enquêteur en charge du dossier me contacte. L'ARPD est bien connue des services de police : ils connaissent le sérieux de l'association, et surtout, ils savent que nous accompagnons au mieux les familles. Il m'explique que la colocataire s'est sentie acculée par les amis du disparu et qu'elle a changé de numéro de téléphone, mais qu'elle en a averti les policiers. Il m'indique également le lieu où le téléphone de Christophe a borné pour la dernière fois. Des agents s'y sont rendus : c'est aux environs d'un pont donnant sur la Seine... Je comprends, à demi-mot, que pour la police la piste du suicide est la plus plausible. Quant au comportement de la colocataire, même s'il est toxique ou étrange, il n'indique en rien qu'elle aurait une responsabilité « directe » dans la disparition de Christophe.

Je me rends à mon tour sur les lieux, par un après-midi d'hiver ensoleillé. Bénédicte travaille ce jour-là et ne peut pas m'accompagner. L'endroit est un vrai coupe-gorge, heureusement que je ne suis pas venue en soirée ! Le pont se trouve sur le périphérique : l'accès est extrêmement dangereux, du fait du trafic. Ses piliers sont couverts de graffitis, le sol jonché de tonneaux métalliques qui ont servi à faire des feux, et les berges de la Seine sont quasiment inaccessibles. J'essaie de trouver des vêtements ou un sac qui auraient pu être abandonnés par ici. Mais les déchets répandus là datent de bien plus d'une semaine. Dans un buisson, je déniche une carte d'identité. Mon cœur tressaute, mais je constate qu'elle appartient à une jeune femme (je la contacterai par la suite : elle s'est fait voler son sac dans ce quartier). Une galerie d'art est ouverte non loin. On m'y indique que les policiers sont déjà passés pour cette disparition et que l'endroit est très malfamé, à cause des trafics de drogue.

Je rebrousse chemin, de moins en moins confiante sur l'idée de retrouver les affaires de Christophe. Perdue dans mes pensées, dans les bruits de la circulation, je fais un bond quand un vieil homme se met à me hurler dessus en poussant des cris d'animaux. Je décide de quitter définitivement les lieux et déconseille aux proches de Christophe de s'y rendre.

Je fais quand même un tour dans le cinéma des environs, puisque Christophe avait évoqué l'idée d'aller voir un film. Je n'ai pas grand espoir, mais je me dis qu'il faut tenter malgré tout. Je demande à voir le chef de la sécurité, lui explique la situation et lui montre mon mandat : serait-il possible de visionner les vidéos de surveillance le soir de la disparition de Christophe ? Comme je m'y attendais, le responsable me répond qu'il ne peut pas le faire : seule la police, présentant une réquisition judiciaire, pourrait y être autorisée. Bon, il fallait bien essayer.

Au fil des semaines suivantes, nous n'avons d'autre choix que d'attendre de savoir si le corps de Christophe va refaire surface. Dans quelques mois, certaines épreuves des Jeux olympiques seront organisées dans la Seine... Je scrute la presse.

Trois mois plus tard, les amis de Christophe apprennent qu'il a été retrouvé décédé dans la Seine, deux mois auparavant, et qu'il vient tout juste d'être identifié.

Si la nouvelle est terrible, il y a aussi une forme de soulagement à retrouver un corps : ses proches vont pouvoir commencer leur travail de deuil, qui est impossible tant que l'espoir de retrouver la personne est toujours là. Au nom de l'ARPD, je présente nos sincères condoléances à tous les proches avec qui j'ai été en contact. Je supprime les posts sur les réseaux sociaux où figurait l'avis de recherche de Christophe. Je finalise le rapport d'enquête et clôture le dossier. J'envoie le tout à mes responsables de l'ARPD qui feront suivre les documents au bureau national. Quelques mois plus tard, dans mes suggestions Facebook, je verrai apparaître... le profil de Christophe. Foutu algorithme.

Chapitre 15

L'enfant imaginaire

La plupart du temps, je suis mandatée par des particuliers ou des entreprises, mais il m'arrive aussi d'être contactée par des avocats qui souhaitent renforcer leur dossier par des preuves supplémentaires ou des informations précises. Je me souviens être intervenue dans une affaire de succession dont l'histoire était assez abracadabrantesque – et en avoir conclu que les gens sont vraiment prêts à raconter n'importe quoi pour de l'argent !

Ce jour-là, un avocat m'expose en quelques mots le cas de son client, Bertrand Durand. Il est le fils de Fabrice Durand, décédé en 2019. L'acte de notoriété qu'il a découvert au moment de la succession indique qu'un quart de l'héritage revient à la conjointe survivante, Mme Solange Békalé, 37,5 % reviennent au fils du défunt… et les 37,5 % restants au fils que M. Durand et Mme Békalé ont eu ensemble, né en 2015.

C'est là que le bât blesse : Bertrand Durand n'a jamais été mis au courant de l'existence de cet enfant. Un demi-frère ? Il ne savait même pas que sa belle-mère était enceinte. Et vu son âge, elle aurait accouché à l'âge de 52 ans ! D'autre part, l'enfant, né au Cameroun (c'est ce qu'indique l'acte de naissance versé au dossier) mais scolarisé à Paris, est présenté comme étant de nationalité camerounaise, alors même que ses deux parents ont la nationalité française. Bizarre. Sa belle-mère ne répond à aucun courrier d'avocat lui demandant des éclaircissements sur la situation. Les lettres recommandées avec accusé de réception sont revenues non réclamées.

L'avocat me demande de me rendre au domicile que Mme Békalé partageait avec M. Durand, afin de savoir si elle y vit encore. Je suis également chargée de vérifier la présence ou non d'un enfant répondant à la description de l'héritier. J'ai le choix du jour d'intervention et de l'heure, il me laisse carte blanche pour tout ce qui concerne l'opérationnel.

Comme madame est censée travailler, je suppose qu'elle a des horaires de bureau classiques et me rends donc sur les lieux en fin de journée. J'entre dans une grande résidence où des travaux sont en cours dans les parties communes, raison pour laquelle le portail donnant sur l'extérieur reste ouvert. Une aubaine ! Le nom du mari défunt est inscrit sur un interphone, à l'extérieur de l'un des immeubles. Dans le hall de l'immeuble, où je réussis à rentrer en même temps que d'autres habitants, le nom du mari est aussi indiqué sur la liste des résidents, à côté du numéro de l'étage (3e) ainsi que sur l'une des boîtes aux lettres. Quant au nom de madame, il n'apparaît nulle part.

Alors que je relève ces informations, une femme noire, d'environ 55 ans, entre dans l'immeuble, vêtue d'un habit traditionnel africain. Je ne réfléchis pas : je me dirige avec elle vers l'ascenseur. Mon pouls s'accélère – je me dis que c'est sûrement trop beau pour être vrai. Dans l'ascenseur, je la laisse appuyer sur le numéro de l'étage : 3e. La chance est vraiment de mon côté ! Je fais mine d'aller au même étage. Nous sommes à quelques centimètres l'une de l'autre. Elle regarde son téléphone et je remarque qu'elle navigue sur un site de réservation de voyages. En sortant de l'ascenseur, elle se dirige vers l'appartement directement sur la gauche. Je m'éloigne dans le couloir de droite et cherche quelque chose dans mon sac, tout en faisant semblant de téléphoner. En réalité, je suis en train de la filmer afin d'apporter la preuve qu'elle vit ici et qu'elle n'est accompagnée d'aucun enfant. Je n'entends aucune voix lorsqu'elle entre dans l'appartement. Sur la porte figure un numéro que je prends en photographie.

Je redescends ensuite pour chercher la présence de sa voiture. Enfin, ce n'est pas vraiment la sienne : il s'agit plutôt de celle de son défunt mari, dont j'ai la plaque d'immatriculation, la couleur et le modèle. Le parking est commun aux quatre immeubles de la résidence : il est immense, sur trois étages. Je parcours chaque étage, à pied, pour être sûre de ne pas la louper. Finalement, je la retrouve sous une épaisse couche de poussière. Visiblement, elle n'a pas servi depuis très longtemps. Madame n'a pas de permis de conduire. Je note le numéro de la place de parking, effectue quelques clichés du véhicule pour qu'il soit bien identifiable et que la poussière apparaisse sur les images. Puis je ressors de la résidence. J'envoie ces informations à l'avocat, il confirme que c'est bien Mme Békalé sur la vidéo.

En parallèle, le client a fait appel à un huissier de justice pour effectuer au Cameroun des recherches sur l'authenticité de l'acte de naissance. Le document est bien retrouvé dans le registre de la ville de naissance, mais il comporte de nombreuses fautes d'orthographe sur le nom du père et de la mère. Il y a aussi des erreurs concernant les nationalités des parents. Pourtant, ces erreurs ne sont pas retrouvées sur l'acte de naissance litigieux versé au dossier dans le cadre de la succession Le document a donc été modifié avant d'être versé au dossier en France, au moment de la succession. Par ailleurs, le registre au Cameroun n'a plus de couverture ni à l'avant ni à l'arrière et comporte par endroits des pages vierges sans aucune mention, permettant ainsi d'insérer un nouvel acte tout en conservant la chronologie des numéros. Face à tous ces éléments, l'huissier de justice conclut qu'on ne peut accorder aucun crédit à ce registre.

En résumé : la mère n'a donné aucune preuve de l'existence de cet enfant, autre que cet acte de naissance improbable. Elle ne répond pas aux courriers. L'avocat lance donc contre elle une plainte pour escroquerie et tentative d'escroquerie. À ce jour, la procédure est en cours, mais j'ai peu de doutes sur sa finalité. Quel juge pourrait croire à une fable pareille ? Si le métier de détective privé donne l'image d'une profession rythmée par des intrigues surprenantes, les bureaux des notaires et des avocats voient aussi défiler des histoires rocambolesques, que les meilleurs scénaristes n'auraient pas osé inventer...

Chapitre 16

Le casse du siècle

Il y a des missions après lesquelles je me suis sentie vraiment mal, en rentrant chez moi. À me demander si j'étais vraiment du bon côté de l'histoire... Celle-ci en fait partie.

Nous avons été envoyés, deux autres détectives privés indépendants et moi-même, à l'adresse d'une villa magnifique, dans un quartier aisé et ultrasécurisé, mandatés par une agence. L'ordre de mission est quelque peu inhabituel : le client, un homme très fortuné (et très âgé), a eu une relation avec une femme d'environ 40 ans, très belle, à la tête d'un business dans l'univers de la beauté. Cette femme est, d'après mes recherches sur les réseaux sociaux, une entrepreneuse accomplie. Charismatique et indépendante. Le couple traverse une crise et est en pleine séparation. La femme se trouve, en ce dimanche, dans l'une des maisons mises à sa disposition par son riche compagnon. Notre objectif est de récupérer une longue liste d'objets que notre client lui a offerts durant leur relation. Il veut reprendre ses cadeaux, en somme. La grande classe ! La liste comporte des références précises, ainsi que les preuves d'achat de notre client : des montres de marques prestigieuses, un manteau en fourrure, des bijoux... En tout, il y en a pour près de 200 000 €.

Cet homme a-t-il le droit de récupérer ses cadeaux ? C'est la première question que nous nous posons. Après vérification, il se trouve que même si notre client atteste en avoir été l'acheteur, cette femme n'est absolument pas dans l'obligation de les lui rendre. Nous allons donc devoir y aller au culot, et advienne que pourra.

Devant la villa, l'un de mes collègues, plutôt habitué aux filatures à moto, nous annonce qu'il préfère rester en retrait. Il ne veut pas s'impliquer plus avant. Personnellement, je ne lui jette pas la pierre : nous sommes tous installés en tant qu'indépendants, libre à nous d'accepter ou non certaines missions. J'en discute avec mon autre confrère, et avant de changer d'avis nous aussi, nous avançons jusqu'à l'impressionnante porte d'entrée.

La compagne du client nous ouvre. À l'écoute du discours que nous lui servons, elle comprend rapidement que nous ressemblons plus à des commissaires de justice qu'à des Témoins de Jéhovah. Elle nous laisse entrer dans le hall pour entendre nos explications. Nous jouons la transparence : « Nous sommes des agents de recherches privées, nous avons été mandatés par monsieur X et nous avons ici une liste d'objets lui appartenant qu'il souhaite récupérer. » La dame est sous le choc. Elle demande à voir nos cartes professionnelles, qu'elle prend soin de prendre en photo avec son téléphone portable. J'aurais fait pareil à sa place.

Près d'une piscine couverte, quelques personnes sont en train de discuter. Rapidement, celle que nous comprenons être sa sœur nous rejoint et demande ce qui se passe. Notre cible, même si ce mot paraît incongru ici, car elle ne s'échappe en rien, commence à paniquer et se met en colère. Elle téléphone au client devant nous : ils se disputent, elle est en rage, outrée, elle pleure. Puis elle raccroche et, dans un premier temps, refuse d'obtempérer. Sa sœur est plus réfléchie et ne dit rien. Elle demande à parler à notre cible, entre quatre yeux. Les deux femmes s'éloignent quelques minutes. Quand la cible revient, elle a changé d'avis : elle va nous rendre les affaires.

Elle commence à rapporter les objets un à un et les étale sur une grande table. Munis de notre liste, nous procédons à cet inventaire surréaliste. Pendant ce temps, sa sœur nous fusille du regard. Elle finit par me lancer : « Moi, je travaille dans l'esthétique. Mon but, c'est de sublimer mes clients, de faire en sorte qu'ils se sentent bien dans leur peau. Et vous, c'est quoi votre métier ? Vous vous regardez dans le miroir, le matin ? » Déstabilisée, je parviens juste à bredouiller : « Je comprends que vous soyez énervée… » Dans mes petits souliers, j'ai tellement hâte que cette situation prenne fin !

Ces deux femmes me semblent très dignes, au vu de la situation. À l'inverse, je me sens plutôt minable. Mais je n'en montre rien. Je tente de garder ma « poker face », comme on dit : celle de la professionnelle froide, sans états d'âme. Chose que je ne suis pas du tout ! Ce serait pourtant tellement plus simple…

Une fois tous les objets réunis, la femme se met de nouveau à pleurer et rappelle son compagnon. Je ne sais pas ce qu'il lui dit mais cela la met hors d'elle. Je range rapidement les objets dans un grand sac poubelle noir. La femme me lance : « Vous savez que c'est un pervers narcissique ? Vous le savez, ça ? » Je ne sais plus où me mettre. J'accélère pour qu'on puisse sortir le plus vite possible. Je bafouille un « je suis désolée » et nous repartons, le « butin » dans le sac, comme deux cambrioleurs à qui l'on aurait gentiment ouvert la porte.

Une fois dehors, je me sens mal à l'aise face à ce que nous venons de faire. C'est mon collègue qui rapportera le sac à notre client, que je suis contente de ne pas rencontrer. Je me doute bien qu'il n'a pas fait cela pour l'argent. Il ne l'a pas fait non plus parce que ces cadeaux avaient une valeur sentimentale à ses yeux. Non, il a juste voulu signifier à sa compagne : « Regarde, tout ce que je t'ai donné, je peux te le reprendre. » Il a voulu la faire souffrir, se venger, l'humilier. Et j'ai participé à cette mascarade. Même si une partie de moi est satisfaite d'avoir réussi la mission, une autre est écœurée.

Je rentre chez moi avec l'impression de m'être mise au service du pot de fer contre le pot de terre. De l'homme dominant contre la femme vulnérable. Mon cerveau tente quand même de raisonner plus objectivement : étant donné leur écart d'âge, il y a des chances que cette femme se soit mise en couple par pur intérêt, pour des raisons qui n'ont rien à voir avec les sentiments. J'ai envie de hurler à toutes ces femmes intéressées par l'argent : « À la fin, ce sont eux qui gagnent ! Ils vous dépouilleront de tout ce qu'ils vous ont offert. Votre estime de vous-même en prime ! »

Chapitre 17

Les fraudeurs, malades imaginaires et autres margoulins

Depuis que je suis détective privée, j'ai découvert qu'il existe un nombre stupéfiant de faux arrêts maladie : certains employés, véritables « malades imaginaires », mènent parfois une routine de bureau… dans une autre entreprise ! Autour de moi, c'est devenu la *private joke* récurrente : dès que quelqu'un se met en arrêt maladie (pour une raison valable), il craint qu'un détective ne soit à ses trousses ! Mais rassurez-vous : quand un employeur fait appel à un enquêteur pour vérifier un arrêt maladie, c'est généralement dans un cas extrême : un salarié en arrêt depuis des années, par exemple, ou au sujet duquel on dispose d'éléments solides laissant penser qu'il n'est pas réellement malade.

Vous n'imaginiez pas que certains salariés puissent mener une double vie professionnelle ? Eh bien, de la même manière qu'un homme parvient à entretenir deux familles sans que l'une découvre l'existence de l'autre, cette situation est bien plus courante qu'on ne le pense !

Mais le monde est petit. Surtout celui du travail, dans un secteur donné. Il y aura toujours quelqu'un d'un peu trop curieux qui mettra le nez où il ne devrait pas, et qui lancera une rumeur : untel travaillerait pour l'entreprise concurrente ! En quelques jours, la rumeur remonte jusqu'au siège. Pour vérifier l'information, recueillir des preuves (parfois simplement pour entamer une négociation ou enclencher une procédure de licenciement), on fait appel à un détective.

LE RECUEIL DE TÉMOIGNAGES

L'une des missions du détective privé est de recueillir des témoignages pour aider à la reconstitution de faits, dans le cadre d'une procédure judiciaire.

Si le détective privé est mandaté par son client pour agir en son nom, il a pour unique objectif la manifestation de la vérité. Si les témoignages recueillis ne vont pas dans le sens de la défense du client, libre à ce dernier de ne pas les utiliser. Mais cet objectif peut servir d'argument pour convaincre de potentiels témoins d'accident, de délit ou de crime.

Selon moi, le détective privé a deux options. La première est la plus recherchée : l'attestation 202. Un citoyen dépose un témoignage rédigé de sa main, avec copie d'un document d'identité (carte d'identité ou passeport), citant les faits auxquels il a assisté ou qu'il a personnellement constatés. Ce document peut servir devant les tribunaux compétents. L'attestation, datée et signée, comporte le nom, le prénom, la date et le lieu de naissance, le domicile et la profession du signataire. Ce dernier y indique également le lien qu'il a avec les parties concernées par le conflit : parenté, subordination, communauté d'intérêt. Enfin, il s'engage à dire la vérité et indique qu'il est conscient qu'une fausse attestation peut entraîner des sanctions pénales.

Il n'est pas évident de recueillir ce type d'attestation, notamment quand elle est demandée directement par l'une des parties impliquées. C'est pourquoi les clients nous mandatent parfois pour convaincre la personne de témoigner et de produire cette fameuse attestation qui pourra avoir du poids dans la décision finale du juge.

Deuxième option, le témoin préfère ne pas décliner officiellement son identité : on peut alors recueillir son témoignage en intégrant ses propos directement dans notre rapport d'enquête.

QUAND LES TÉMOINS ONT PEUR

Il y a des situations où le témoin préfère rester anonyme. C'est le cas, par exemple, des violences conjugales : les voisins sont des témoins clés, et pourtant rares sont ceux qui acceptent de témoigner, par peur de représailles de la part de la personne violente. « Ce ne sont pas mes affaires, je ne veux pas m'en mêler. »

Or, les violences, qu'elles soient conjugales ou dans la rue, sur un mineur ou un majeur, sont l'affaire de tous. Toute personne témoin d'une violence doit intervenir. Et il n'est jamais trop tard pour le faire : dans le cadre de violences intrafamiliales, c'est le silence qui tue...

La première fois que j'ai demandé à une voisine de témoigner de violences qui survenaient régulièrement dans l'appartement au-dessus de chez elle, la dame a d'abord pris peur. Peur que je la pousse à dire des choses dont elle n'était pas sûre. Peur que son nom figure dans le dossier et que le mari violent vienne lui réclamer des comptes. Peur d'avoir des problèmes avec la justice... Je lui ai alors expliqué que même si j'avais été mandatée par la victime, mon seul et unique but était de faire connaître la vérité. Sans exagérer, ni minimiser. Si elle n'était pas sûre de ce qu'elle avait entendu, elle l'exprimerait ainsi, avec ses doutes. L'attestation 202 ne semblait pas possible pour elle, je lui ai donc proposé de recueillir son témoignage que j'ai retranscrit dans mon rapport. J'ai fait barrage aux représailles en lui permettant de témoigner anonymement. Et si c'était moins fort qu'une attestation 202, c'était mieux que rien. Sachant que le rapport d'un détective privé est également recevable en justice.

Très en forme, pour un malade !

Je me souviens d'un dossier en particulier : le salarié avait déjà été surveillé à plusieurs reprises. J'étais intervenue en tant que sous-traitante, après d'autres confrères. Notre cible avait l'allure d'un actif bien installé : chemise, veste de costume et jean. Sobre, décontracté. L'entreprise où il se rendait était une start-up. L'immeuble abritait plusieurs sociétés et il nous a suffi de repérer la porte qu'il franchissait. L'affaire était déjà quasiment réglée – il nous fallait simplement documenter la récurrence. Était-ce une mission ponctuelle ou une vraie activité ? L'homme était arrivé le matin à 8 h 30 et reparti vers 19 heures. Il avait ses habitudes. Le moment le plus révélateur a été celui de la pause déjeuner, où nous l'avons vu très à l'aise avec deux de ses collègues, passer prendre un plat à emporter dans un restaurant du quartier. Après sa journée de travail, notre « malade » a repris les transports en commun, sans doute pour rentrer chez lui. Métro-boulot-dodo.

Je suis sidérée par l'aisance avec laquelle certains individus trompent leur monde. Pourquoi ne pas tout simplement démissionner pour commencer une nouvelle aventure professionnelle ? Que raconte cet homme à son médecin pour obtenir un arrêt de longue durée ? Le médecin est-il complice ? Pourquoi bloquer un poste, frauder auprès de la Sécurité sociale, alors que l'on n'est manifestement ni en détresse ni dans le besoin ? Travaille-t-il en freelance ? Sous quel statut ? Que raconte-t-il à ses « nouveaux collègues » ? Et à sa femme, à ses amis ?

Quand on passe dix heures planquée dans une voiture, on a le temps de penser à tout ça ! C'est une partie de mon métier que j'apprécie, finalement. Surtout quand je peux échanger avec mon binôme et élaborer des scénarios improbables sur la vie des autres ! On s'occupe comme on peut, derrière les vitres teintées...

La débrouille des petites gens

Si je n'éprouve aucune culpabilité à suivre des hommes qui mènent une double vie de startupers, les surveillances de salariés ne me mettent pas toujours à l'aise. Un jour, la gérante d'un institut de beauté qui soupçonnait son employée, en arrêt de travail pour burn-out, d'avoir des activités professionnelles pendant son congé, m'a demandé de la surveiller. Je me suis retrouvée à planquer pendant quatorze heures en piéton statique. Tout ça pour observer une femme en jogging, qui est sortie faire des lessives au Lavomatic avant de rentrer chez elle. Elle n'avait pas l'air bien. J'ai détesté la suivre. Surveiller des gens fragiles, sur ordre de patrons suspicieux, ce n'est pas pour moi !

Je me rappelle une discussion que j'ai eue lors de mon tout premier stage en journalisme. Mon responsable, un journaliste d'investigation, m'avait dit : « Moi, je n'enquête pas sur les pauvres. » Plus tard, à l'école de détectives, un formateur nous avait donné ce conseil : « Déterminez vos limites avant de commencer, et tenez-vous-y. » Sans ces limites, on risque de se laisser emporter par l'envie de réussir ses missions à tout prix. On veut bien faire, aller jusqu'au bout. On se dit qu'on doit rester professionnel, ne pas mêler au travail ses propres convictions ou se laisser influencer par sa propre histoire. Mais, pour être honnête, je ne crois pas à l'objectivité – ni chez les journalistes, ni chez les détectives privés. Personnellement, je sais où se trouve ma frontière. Par exemple, je refuse de m'impliquer dans des dossiers politiques. Pas question de contribuer à une sale manœuvre pour faire tomber un élu ou servir un parti. Ce n'est pas mon rôle, et c'est illégal, la plupart du temps.

J'ai souvent eu des débats avec mes collègues sur les fraudeurs, sur les zones grises. À mes débuts, j'ai suivi un homme qui percevait une prime d'invalidité après un accident du travail. Il affirmait ne plus pouvoir travailler, ne pas pouvoir sortir seul à cause d'une anxiété sociale sévère. C'est toujours là qu'on place l'argument imparable : « Cette prime, elle est financée par le contribuable. » Durant la surveillance, je l'ai vu effectuer des tâches proches d'un travail manuel, avec deux collègues : il déchargeait des pièces automobiles, les transportait ailleurs. Puis je l'ai vu seul dans son camion. Et enfin, une scène banale : sa femme est arrivée en voiture, avec leurs cinq enfants. Ils rentraient des courses. L'homme est sorti de l'immeuble pour les aider à porter les sacs. Et là, je me suis posé la question : le rapport que j'allais rédiger allait-il priver cette famille d'une ressource vitale ? J'ai pensé aux enfants. J'espérais ne pas être celle qui leur ôterait le pain de la bouche.

Évidemment, il faut lutter contre la fraude. Il y a des gens qui escroquent les assurances, inventent des handicaps, simulent des incapacités. Le problème, c'est qu'en acceptant des missions pour des assureurs, on ne choisit évidemment pas les profils. Et parfois, on se retrouve face à des gens simplement abîmés par la vie, qui ont fait un mauvais choix. Pas des truands. Juste des gens en galère.

Autre difficulté si l'on travaille pour un cabinet d'assurance : contrairement aux filatures classiques, dans ce cas-là il faut aller au contact. L'enquêteur doit poser des questions, réclamer des justificatifs, pousser l'assuré dans ses retranchements. Il reformule, revient à la charge, teste la cohérence du discours. Face à lui, parfois, une famille entière cherche à défendre son dossier. Les tensions montent. C'est un terrain où d'anciens policiers ou gendarmes sont très à l'aise. Ils savent gérer le rapport de force, « cuisiner » les suspects, se montrer efficaces et résolus. Moi, non. Je ne suis pas taillée pour ça.

Il faut connaître et respecter ses limites. Même si enquêter pour des assurances est tentant parce que c'est très rentable – cela offre une stabilité rare et certains enquêteurs n'ont ainsi plus besoin de démarcher : les dossiers tombent tout seuls –, il faut rester droit dans ses bottes. La chasse aux fraudeurs, ce n'est pas ma tasse de thé.

L'ART DE FAIRE PARLER SANS POSER DE QUESTIONS

L'art d'obtenir des informations sans en avoir l'air porte un nom : l'élicitation. Il s'agit d'éviter les questions directes : votre interlocuteur ne doit pas avoir conscience de ce que vous cherchez réellement à savoir. Employée dans le renseignement, dans l'investigation, mais aussi dans le commerce ou les ressources humaines, cette méthode repose sur une approche fine, stratégique et psychologique. L'objectif est de déclencher chez l'autre l'envie de parler spontanément, sans jamais susciter la méfiance.

PRÉPARER LE TERRAIN

L'élicitation repose d'abord sur une préparation en amont : bien connaître la personne, son rôle, ses prises de position, ses limites... Par exemple, avant de contacter le salarié d'une entreprise visé par une enquête, je repère son ancien poste ou une publication sur LinkedIn. Grâce à ces informations, je peux amorcer une discussion sur un terrain neutre : « Je m'intéresse à votre parcours dans le conseil, c'est rare de voir quelqu'un passer de la stratégie au contentieux... » Derrière cette accroche anodine, je cherche à le faire parler de sa situation.

Ensuite, vient le choix du prétexte ou de la couverture : on n'aborde jamais de front un sujet sensible. On tisse une conversation autour, de manière décalée, presque banale. Par exemple, pour en savoir plus sur une réorganisation interne, je peux évoquer un article en préparation sur « les évolutions des métiers du secteur », ce qui invite à parler librement, sans éveiller de soupçons sur mon réel objectif.

Pendant l'échange, je pratique ce qu'on appelle le « miroir comportemental » : je m'adapte à la personne, m'inspirant de son débit de parole, son ton ou son niveau de langage. Si elle parle vite, je fais de même. Si elle fait de l'humour, j'en fais aussi. Si elle reste très formelle, je reste professionnelle. Le but est qu'elle ait l'impression de parler à « quelqu'un comme elle ».

Enfin, je veille à ne jamais donner l'impression de poser des questions. J'écoute, je rebondis, je fais mine d'apprendre quelque chose, tout en guidant subtilement la conversation. Par exemple, plutôt que demander directement « Cette procédure a-t-elle été lancée à cause du conflit avec le directeur ? », je dis : « J'imagine que ces situations arrivent souvent quand il y a des tensions avec la direction... » Ce simple biais peut suffire à provoquer une réponse directe, spontanée, et parfois très révélatrice.

UTILISER LES LEVIERS PSYCHOLOGIQUES

Voici quelques techniques que j'utilise régulièrement.

- **Feindre l'ignorance** : je me positionne en élève curieuse, un peu perdue, qui ne comprend pas bien... Le besoin de « m'expliquer » pousse l'autre à détailler davantage que prévu.
- **Provoquer la correction** : j'affirme une information volontairement fausse ou incomplète. Par réflexe, la personne me corrige ou me livre la vraie donnée. Exemple : « Vous devez avoir au moins 100 personnes sous votre responsabilité avec un tel poste... » Réponse : « Plutôt 250. »
- **La phrase inachevée** : je commence une réflexion et laisse la fin en suspens. Souvent, l'interlocuteur termine ma phrase et révèle plus qu'il ne le pensait.
- **Le chiffre piège** : je propose une estimation floue (« Entre 10 et 20, non ? ») et la personne ajuste, parfois sans réfléchir, en me donnant une valeur plus précise.
- **La réciprocité de la confidence** : je livre une anecdote personnelle ou une information sensible (ou du moins,

présentée comme telle). Ce climat d'intimité pousse l'autre à faire de même, par effet de miroir ou redevabilité.

LA POSTURE COMPTE AUTANT QUE LES MOTS

L'élicitation n'est jamais frontale. Elle repose sur une fausse décontraction, presque imperceptible, qui fait doucement baisser la garde. L'écoute se veut attentive mais jamais intrusive, presque naïve. Il s'agit de donner l'illusion d'une conversation sans enjeu, d'un échange entre égaux. Une forme de connivence s'installe, subtile, comme si l'on jouait dans la même équipe. Tout est question de ton, de rythme, de présence. Parfois, je choisis même d'endosser le rôle de la candide ou de l'incompétente. Non pas pour manipuler, mais pour rassurer. Car face à quelqu'un qui semble inoffensif, les défenses tombent. Et c'est souvent à ce moment-là que les vérités se glissent entre les mots.

L'élicitation, c'est faire parler sans forcer. C'est écouter sans interroger, guider sans contraindre. L'art discret de récolter des vérités là où d'autres n'obtiennent que des silences.

Chapitre 18

Être ou ne pas être détective privée ?

Si ce livre prouve une chose, c'est que le métier de détective privé me passionne ! Mais cela ne m'empêche pas d'être, très souvent, traversée par le doute. Parfois même, par l'envie soudaine de tout arrêter. Il suffit de quelques jours sans appel, sans mission, pour que le vide s'installe. Et dans ce temps suspendu, l'esprit cogite, trop, toujours trop. Dans ces creux, je me demande s'il ne vaudrait pas mieux faire un métier plus stable. Un métier qui me laisserait mes soirées et mes week-ends. Qui m'éviterait de courir après les clients qui tardent à payer. Qui me permettrait de savoir, à l'euro près, ce que je vais gagner le mois prochain. Un métier où je ne risquerais pas ma peau sur la route, à suivre des fous du volant. Où je ne me retrouverais pas face à quelqu'un qui a envie de me frapper. (Oui, c'est arrivé. Il pensait que je suivais sa femme. Je l'ai rassuré : en réalité, c'est lui que je suivais !)

Quand tout va bien, quand le travail s'enchaîne, quand les clients sont satisfaits, une petite voix me souffle : « Profite. Ça peut s'arrêter demain. » Cette idée me suit partout : que tout peut m'être retiré sans préavis. Peut-être que c'est ça aussi, faire un métier passion.

Depuis mes débuts en 2020, j'ai vu beaucoup de confrères jeter l'éponge. Certains par manque de travail. D'autres par lassitude. C'est un sujet qu'on évoque peu, presque honteusement, mais c'est fréquent. Ceux qui s'arrêtent ne font pas d'annonce. Ils disparaissent du paysage, lentement. Et un jour, on se rend compte qu'on ne les voit plus. Où serai-je dans cinq ans ? Je n'en sais rien.

Dès la formation, le ton est donné : sur une promo de quinze à vingt élèves, seuls deux ou trois tiendront plus de trois ans. C'est rude, d'autant plus que la majorité vient déjà d'une reconversion. Même diplômés, certains ne se lancent jamais. D'autres ouvrent une agence, tiennent quelque temps, puis ferment. Le métier n'est pas fait pour tout le monde. Dix, quinze heures de planque par jour ? Beaucoup n'en veulent pas. Les horaires décalés ? Certains aspirent à plus de tranquillité.

Chaque année, les quatre centres de formation remettent sur le marché une nouvelle vague de détectives privés. Mais la demande, elle, ne suit pas toujours. On n'a pas besoin d'un détective tous les jours. Il y a vingt ans, seules quelques agences avaient pignon sur rue. Aujourd'hui, les indépendants sont nombreux. Sur Internet, la bataille fait rage : référencement, Google Ads, guerre de visibilité.

Moi, j'ai fait un choix dès le départ. Un choix qui, je crois, m'a sauvée. J'ai accepté de travailler pour d'autres. De faire de la sous-traitance – ou de la « collaboration », comme on l'écrit dans les contrats. Ce choix m'a permis de vivre de ce métier dès mon premier mois d'activité. Très vite, j'ai compris qu'il fallait diversifier les agences avec lesquelles je travaillais. La première qui m'a fait confiance m'a couverte de missions pendant un an. Et du jour au lendemain : plus rien. Le directeur d'enquête était passé à autre chose, les enquêtes de terrain ont été suspendues. Rien n'est jamais acquis. Il faut savoir rebondir, toujours.

J'ai savouré mes premiers clients « à moi », les premières missions menées de A à Z, sans avoir l'angoisse du loyer à la fin du mois. J'ai eu la chance aussi de tomber sur des clients fidèles, sur des enquêtes qui se sont étalées sur plusieurs années. Des relations de confiance, précieuses.

Aujourd'hui, en écrivant ces lignes, j'attends un deuxième enfant. « Deux petits en bas âge ? Mais comment tu vas faire pour les filatures ? » On fera comme on a toujours fait : on se débrouillera. J'espère encore pouvoir me spécialiser dans les disparitions de personnes. C'est ce que j'aime le plus : travailler pour les particuliers, pour ceux qui cherchent une vérité intime.

Je sais aussi que l'avenir est incertain. Et c'est peut-être ça, ma leçon de ces cinq premières années : ne pas faire trop de plans. Je suis reconnaissante du chemin parcouru. Le voir s'inscrire dans ce livre, noir sur blanc, me fait prendre conscience de tout ce que j'ai accompli.

Alors oui, parfois, j'ai envie de tout arrêter. Et pourtant, je suis toujours là. Et je veux bien signer pour cinq années de plus ! Parce que malgré les doutes, malgré les creux, malgré les heures à attendre dans une voiture embuée ou les matins sans mission, je n'ai pas trouvé de métier qui me donne autant le sentiment d'être à ma place. Peut-être que c'est ça, être détective privé : avancer sans certitude, se débrouiller sans filet, et continuer quand même.

Observer, chercher, comprendre. Mettre un peu de lumière là où il n'y avait que du flou. Et quand le doute revient, je me rappelle que ce n'est pas la stabilité qui m'a guidée jusque-là. Mais une intuition. Et la conviction, peut-être un peu folle, que ce métier vaut la peine qu'on s'y accroche.

Remerciements

À Florian Migairou, mon éditeur chez First, qui a porté ce projet dès ses débuts avec confiance, rigueur et engagement. Je le remercie pour son regard exigeant et bienveillant, pour ses conseils structurants, pour sa disponibilité constante et sa patience aussi. C'est lui qui a donné à ce livre sa forme, sa cohérence, sa force. Je lui dois plus qu'un accompagnement : une vraie alliance de travail, précieuse et stimulante.

À Stéphanie Chabert, éditrice, pour avoir été la première à croire en ce projet, et pour être venue me chercher, simplement, avec cette confiance qui ouvre les possibles.

À Lucille Viau, également chez First, l'une des premières à avoir plongé dans le manuscrit. Sa lecture, ses remarques et sa sensibilité face au texte m'ont profondément aidée.

À Nathalie Reyss et Lise Beninca, dont les relectures attentives et les commentaires éclairés m'ont permis de me poser les bonnes questions. Merci pour votre exigence, votre bienveillance et votre regard affûté, qui ont largement contribué à améliorer ce texte. Et plus largement, merci à toute l'équipe des éditions First pour votre accompagnement, votre confiance et votre professionnalisme tout au long de cette aventure.

À Amine, mon compagnon, mon appui infaillible, celui qui me dit toujours « vas-y, fonce, je gère » quand, un samedi à 14 heures, je pars en filature. Sans lui, rien de tout cela ne serait possible – ni les enquêtes, ni ce livre, ni l'équilibre fragile que l'on tente de préserver au quotidien. Son soutien silencieux, constant, inestimable, m'est essentiel.

À ma fille, pour sa patience lumineuse pendant cette période pleine de remous – entre l'écriture de ce livre et l'attente de sa petite sœur. Son sourire, sa présence, sa joie simple m'ancrent chaque jour. Et à celle qui s'apprête à nous rejoindre, pour avoir déjà trouvé sa place dans ce tourbillon : juste là, tout contre moi, au creux du silence.

À ma mère, pour sa passion des mots, partagée depuis toujours, et ses conseils éclairés. À mes sœurs et à mon père, pour leur présence fidèle et leur enthousiasme indéfectible.

À Olivier Missin, maître-chien bénévole à l'ARPD, pour le temps qu'il m'a consacré, la clarté de ses explications et la passion qu'il transmet pour son métier. Son aide précieuse m'a permis de mieux comprendre le rôle des chiens dans les affaires de disparition, et de donner plus de justesse à l'encadré qui leur est consacré.

Un merci tout particulier à Kristel Le Pollotec, journaliste, qui a consacré en septembre 2024 une magnifique série de quatre épisodes à la profession de détective privé sur France Culture. Merci à elle, et à son équipe, pour m'avoir tendu le micro et pour avoir su rendre, avec tant de justesse, la complexité et la profondeur de ce métier. Cette série a sans doute été l'une des étincelles de ce livre.

Je pense aussi à Mathilde, consœur et collègue, avec qui les kilomètres ne changent rien à la proximité du cœur. Grâce à elle, les doutes du métier s'allègent, les remises en question trouvent un écho, et les éclats de rire ne manquent jamais. Que ce soit pour les moments de solitude partagée ou les situations improbables échangées entre deux missions, je lui dois beaucoup.

Enfin, à tous les confrères et consœurs qui m'ont tendu la main au début, donné des conseils qui m'ont fait une place ou qui ont partagé avec moi de longues heures d'attente, parfois pour des filatures hautes en couleur : merci.

Et bien sûr, merci à mes clients, pour leur confiance. Un merci particulier à l'une d'entre elles : Inès. Son regard, son parcours, son exigence m'inspirent profondément. Il y a des rencontres qui marquent une vie. Celle-ci en fait partie.